Paris

1867

Schiller, Frederich von

Les Brigands

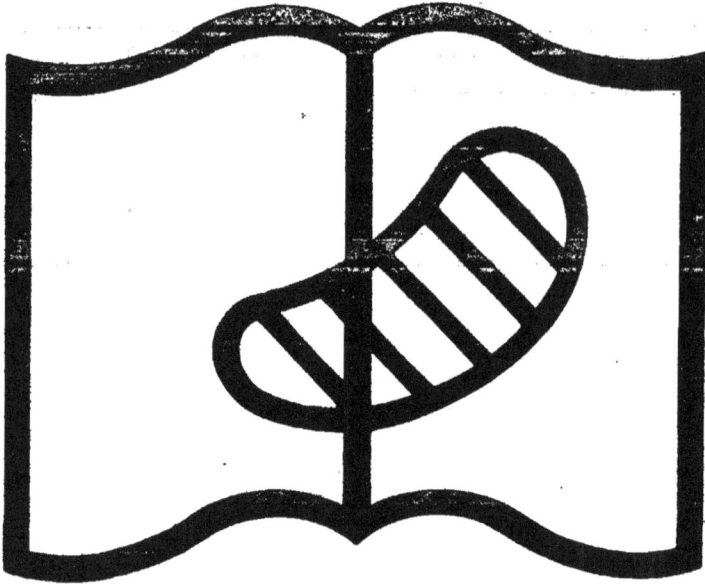

Symbole applicable
pour tout, ou partie
des documents microfilmés

Original illisible

NF Z 43-120-10

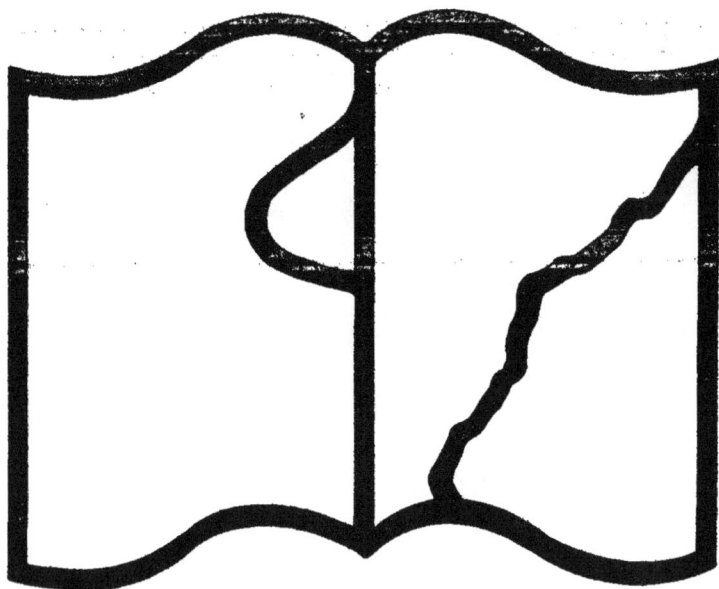

**Symbole applicable
pour tout, ou partie
des documents microfilmés**

Texte détérioré — reliure défectueuse

NF Z 43-120-11

ARTS

SCIENCES   LETTRES

BIBLIOTHÈQUE NATIONALE

SCHILLER

LES BRIGANDS

Traduction nouvelle

DUBUISSON et Cie   LUCIEN MARPON

5.   4 & 7

Rue Coq-Héron   Galeries de l'Odéon

2E centimes
85 CENTIMES RENDU   FRANCO DANS TOUTE LA FRANCE.

1867

BIBLIOTHÈQUE NATIONALE

COLLECTION DES MEILLEURS AUTEURS ANCIENS ET MODERNES

4255

SCHILLER

LES

BRIGANDS

DRAME EN CINQ ACTES

PARIS

AUX BUREAUX DE LA PUBLICATION

1, Rue Baillif, 1

—

1867

PERSONNAGES

—

MAXIMILIEN DE MOOR, comte régnant.
CHARLES DE MOOR, } ses fils.
FRANÇOIS DE MOOR, }
AMÉLIE D'EDELREICH, sa nièce.
HERMANN, fils naturel d'un gentilhomme.
SPIEGELBERG, }
SCHWEIZER, }
GRIMM, }
SCHUFTERLE, } jeunes libertins, qui finissent par
ROLLER, } se faire brigands.
RAZMANN, }
KOSINSKY, }
UN MOINE,
DANIEL, vieux domestique du comte de Moor.
UN DOMESTIQUE.
PLUSIEURS BRIGANDS.

L'action se passe en Allemagne

ACTE PREMIER

—

SCÈNE PREMIÈRE

En Franconie. — Un salon dans le château du comte
de Moor

FRANÇOIS, LE COMTE DE MOOR

FRANÇOIS.

Mais, vous portez-vous bien, mon père?
Vous êtes pâle.

LE COMTE.

Je me porte bien, mon fils. Qu'avais-tu à
me dire?

FRANÇOIS.

La poste est arrivée. Une lettre de notre
correspondant de Leipzig...

LE COMTE, *vivement.*

Des nouvelles de mon fils Charles?

FRANÇOIS.

Hem!... hem!... oui... Mais je crains... Si
vous étiez malade... si vous sentiez la moindre disposition à le devenir... Ne me pressez
pas, je vous conjure... Je parlerai dans un moment plus convenable. (*A part, mais de manière cependant que son père puisse l'entendre.*)

Cette nouvelle n'est pas faite pour un faible vieillard.

LE COMTE.

Dieu ! Dieu ! que vais-je apprendre ?

FRANÇOIS, *détournant la vue.*

Permettez-moi d'abord de verser une larme de compassion sur mon frère perdu... Je devrais me taire à jamais... il est votre fils... je devrais à jamais cacher sa honte... il est mon frère... mais vous obéir est mon triste devoir, mon premier devoir ; vous devez donc me plaindre.

LE COMTE.

O Charles ! Charles ! si tu savais par quels tourments ta conduite déchire ce cœur de père. Qu'une seule nouvelle joyeuse de toi ajouterait dix ans à ma vie ! Hélas ! chaque nouvelle m'approche d'un pas vers la tombe.

FRANÇOIS.

C'est donc ainsi, mon père ? Laissez-moi aller... Voulez-vous qu'aujourd'hui encore nous arrachions nos cheveux sur votre cercueil !

LE COMTE.

Demeure... Il n'y a plus que le dernier pas à faire. Laisse-le suivre sa volonté. *(S'asseyant.)*
Les crimes de nos pères sont punis jusque dans la troisième et la quatrième génération. N'empêche point que Charles accomplisse la fatale sentence.

FRANÇOIS, *tirant une lettre de sa poche.*

Vous connaissez notre correspondant. Te-

nez; je donnerais un doigt de ma main droite
pour oser dire que de sa plume impure découle
un noir poison... Rappelez votre fermeté; par-
donnez si je ne vous laisse pas vous-même
lire cette lettre. Il m'est impossible de vous
accabler d'un seul coup.

LE COMTE.

D'un seul coup... d'un seul coup... Mon fils,
tu m'épargnes la vieillesse (1).

FRANÇOIS, *lisant.*

« A Leipzig, ce 1ᵉʳ de mai. — Ton frère paraît avoir comblé la mesure de sa honte; pour
moi, je ne connais rien au-dessus de ce
qu'il a fait; à moins qu'en cela son génie ne
surpasse le mien. Après 40,000 ducats de
dettes, » cela fait une jolie somme, n'est-
ce pas? — « après avoir déshonoré la fille
d'un riche banquier (et il a blessé à mort, dans
un duel, le jeune et brave gentilhomme qui
devait l'épouser), hier, à minuit, il a exécuté
le grand projet de se soustraire au glaive de
la justice, avec sept de ses camarades, tous
débauchés comme lui... » Mon père, pour l'a-
mour de Dieu! comme vous pâlissez!

LE COMTE.

Assez... Assez! mon fils!

FRANÇOIS.

Je vous ménage... « On a partout envoyé
son signalement; les plaignants demandent

(1) *Du erspahrst mir die Krucke* (tu m'épargnes
les béquilles.)

à grands cris justice. Sa tête est mise à prix. Le nom de Moor... » Non, mes pauvres lèvres n'assassineront jamais un père. (*Il déchire la lettre*). Ne le croyez pas, mon père, ne le croyez pas.

LE COMTE, *pleurant amèrement*.

Mon nom ! mon nom respecté !

FRANÇOIS.

Oh! s'il pouvait ne pas porter le nom de Moor! Pourquoi faut-il que mon cœur palpite si vivement pour lui ? tendresse impie, que je ne puis étouffer, qui m'accusera un jour au tribunal de Dieu !

LE COMTE.

Oh! mes espérances !... mes songes dorés !

FRANÇOIS.

Je le sais bien. Ne l'avais-je pas prédit ?... « Cet esprit de feu qui couve en son jeune sein, disiez-vous toujours, qui le rend si sensible à tout ce qui porte un air de grandeur et de majesté, et son âme grande et belle qui semble se répandre avec ses regards, cette délicatesse exquise de sentiments, ce mâle courage, cette ambition enfantine, cette opiniâtreté invincible, et toutes ces fortes et brillantes vertus qui germent dans ce fils chéri, en feront un jour l'ami d'un ami ! un bon citoyen, un héros, un grand, grand homme... » Eh bien !... le voyez-vous à présent ?... cet esprit de feu s'est développé et porte des fruits délicieux... Regardez cette franchise qui a

si bien tourné en effronterie. Voyez avec
quelle délicatesse il roucoule tendrement pour
des coquettes, et comme il est sensible aux
charmes d'une Phryné. Voyez comme ce génie brûlant s'est éteint ; six petites années, et
il n'y a plus d'huile dans la lampe de sa vie ;
ce n'est plus qu'un calavre ambulant, et alors
vient le monde assez stupide pour dire : *C'est
l'amour qui a fait ça* (1)... Ah! regardez dans
cette tête hardie, entreprenante : comme il
forme de grands desseins qui éclipsent les hé-
roïques actions des Cartouche et des Ho-
ward... Et quand ces germes superbes seront
en pleine maturité !... Quelle perfection d'ailleurs peut-on espérer dans un âge si tendre?... Peut-être, mon père, aurez-vous encore le bonheur de le voir chef de quelque
troupe honorable qui habite le sacré silence
des forêts, et qui soulage le voyageur fatigué
de la moitié de son fardeau... Peut-être, avant
de mourir, pourrez-vous encore faire un pèle-
rinage à son monument, qui lui sera érigé
sans doute entre ciel et terre... Peut-être...
ô mon père, mon père!... cherchez pour vous
un autre nom, ou ils diront tous : Voilà son
père !

LE COMTE.

Et toi aussi, mon François, et toi aussi?
O mes enfants ! Comme ils frappent droit au
cœur !

FRANÇOIS.

Vous le voyez, je puis aussi faire de l'esprit ; mais mon esprit est plus venimeux que

---

(1) Ces mots sont en français dans l'original.

la morsure du serpent... Et puis ce François, sec et froid, cet homme ordinaire, cet homme de bois... Puis-je me rappeler tous les jolis noms que vous inspirait l'étonnant contraste entre lui et moi, lorsque, sur vos genoux assis, il vous pinçait les joues... Celui-là (c'était moi) mourra entre les quatre murs de son château, pourrira, et sera oublié, tandis que la gloire de cette tête universelle volera d'un pôle à l'autre... Ah oui! les mains jointes, ce François sec et froid, cet homme de bois, te remercie, ô ciel !... de ne point ressembler à celui-ci.

LE COMTE.

Pardonne-moi, mon enfant, ne murmure point contre un père trompé dans ses plus douces espérances. Le Dieu qui m'envoie des larmes pour Charles, me donnera ta main, mon François, pour les essuyer.

FRANÇOIS.

Oui, mon père, il les essuiera. Votre François donnera toute sa vie pour prolonger vos jours. Dans tout ce que j'aurai à faire, je me dirai avec recueillement : Cela ne peut-il pas empoisonner quelques heures de sa vie? Aucun devoir n'est assez sacré pour moi, que je ne sois prêt à le rompre, quand il s'agit de vos jours précieux... Vous n'en doutez pas?

LE COMTE.

Tu as encore à remplir de grands devoirs, mon fils... Que Dieu te bénisse pour ce que tu as été pour moi, et aussi pour tout ce que tu feras pour moi à l'avenir.

FRANÇOIS.

Convenez donc que si vous pouviez ne pas
nommer ce fils votre fils, vous seriez un homme heureux.

LE COMTE.

Que dis-tu?.. Ah! quand la sage-femme me
l'apporta, je le pris dans mes bras, je m'écriai:
O ciel! ne suis-je pas un homme heureux? •

FRANÇOIS.

Vous disiez cela. Et à présent... vous enviez
le plus misérable de vos valets, qui n'est pas
le père de ce... Vous aurez des chagrins tant
que vous aurez ce fils ; ces chagrins croîtront
avec Charles, ces cuisantes douleurs mineront
votre vie.

LE COMTE.

Oh! que d'années il entasse sur ma tête!

FRANÇOIS.

Mai si... si vous renonciez à ce fils?

LE COMTE, *vivement.*

François! François! Toi, tu voudrais que je
maudisse mon fils ?

FRANÇOIS.

Non, non! votre fils... vous ne devez pas le
maudire.

Qui appelez-vous votre fils?... Celui à qui
vous avez donné la vie, et qui fait tout ce qui
est en son pouvoir pour abréger la vôtre ?

LE COMTE.

Un fils sans tendresse! Hélas! c'est toujours mon fils!

FRANÇOIS.

Un aimable et charmant enfant, dont l'éternelle étude est de ne plus avoir de père. Oh! puissiez-vous apprendre à concevoir ce qu'il est! puissent vos yeux s'ouvrir! Mais il faut bien que votre indulgence l'affermisse dans ses désordres, et que vos secours les autorisent. Il est vrai que vous détournerez loin de lui la malédiction; mais la malédiction éternelle tombera sur vous, qui êtes père.

LE COMTE.

Châtiment trop juste!... je suis seul coupable!

FRANÇOIS.

Combien de misérables, que la coupe de la volupté avait enivrés, ont été corrigés par le malheur! La douleur du corps, dont les crimes sont accompagnés, n'est-elle pas un indice de la volonté divine? L'homme doit-il en empêcher les effets par une funeste et cruelle tendresse? le père doit-il perdre à jamais le gage qui lui a été confié? Pensez-y, vous êtes son père. Si vous l'exposez quelque temps à la misère, ne sera-t-il pas obligé de revenir et de se corriger? Et si dans la grande école du malheur, il reste encore un scélérat, alors... Malheur au père qui, par scrupule et faiblesse, anéantit les décrets de la plus haute sagesse!... Eh bien! mon père?

LE COMTE.

Je veux lui écrire que je l'abandonne !

FRANÇOIS.

C'est bon, c'est sage.

LE COMTE.

Et je lui écrirai : « Ne parais jamais devant moi... »

FRANÇOIS.

Cela produira un bon effet.

LE COMTE, *avec épanchement*.

« Que tu ne sois changé. »

FRANÇOIS.

Très-bien, très-bien. Mais s'il vient, couvert d'un masque hypocrite, arrache une larme à son père, et par ses doucereuses caresses obtenir son pardon, et qu'il aille aussitôt se moquer de sa faiblesse dans les bras de ses filles de joie?... Ne faites pas cela, mon père ! Il reviendra de lui-même à vos pieds quand sa conscience lui aura pardonné !

LE COMTE.

Il faut donc que je lui écrive sur-le-champ.
(*Il va pour sortir.*)

FRANÇOIS.

Ecoutez, encore un mot, mon père. Je crains votre colère, elle pourrait vous faire écrire des paroles trop dures qui lui fendraient le cœur... et... aussi... Mais ne croyez-vous pas qu'il regardera déjà comme un pardon une lettre de votre propre main? Je crois qu'il sera mieux de me charger de lui écrire.

LE COMTE

Eh bien, mon fils, écris-lui... Pour moi, cela m'aurait brisé le cœur. Ecris-lui...

FRANÇOIS, *l'interrompant.*

Eh bien! c'est convenu.

LE COMTE.

Ecris-lui que mille larmes de sang, que mille nuits sans sommeil... Mais ne porte pas mon fils au désespoir.

FRANÇOIS.

Ne voudriez-vous pas vous mettre au lit mon père? Cela vous a fait bien du mal.

LE COMTE.

Ecris-lui que le cœur d'un père... Je te le dis encore, ne porte point mon fils au désespoir. (*Il est accablé de douleur.*)

FRANÇOIS, *le suivant d'un œil moqueur.*

Console-toi, vieillard!... Tu ne le presseras jamais contre ton cœur... Le chemin qui l'y ramènerait lui est fermé, comme le ciel l'est pour l'enfer... Il était arraché de tes bras, que tu ne savais pas encore s'il était possible que tu le voulusses... Il faut cependant que je ramasse ces papiers-là; qui sait si l'on ne pourrait pas reconnaître mon écriture. (*Il ramasse tous les morceaux de la lettre déchirée.*) Il faudrait que je fusse bien novice, si je ne savais pas encore arracher un fils du cœur de son

père, y fût-il enlacé avec des liens de fer!...
Courage, François! L'enfant chéri est écarté!
Un pas de géant vers le but... Et c'est à *elle*
qu'il faut que j'arrache du cœur ce Charles!
dussé-je aussi arracher son cœur!... (*Il marche
à grands pas.*) J'ai de grands droits pour haïr
la nature, et, sur mon honneur, je les fera
valoir! Pourquoi me charger moi seul de ce
pesant fardeau de laideur? Pourquoi précisé-
ment moi seul? (*Frappant du pied la terre.*)
Meurtre et mort! Que sur moi seul! Comme
si elle n'eût employé à ma naissance que des
restes déjà flétris!... Elle a conjuré contre moi
à l'heure de ma naissance... Et je lui jure une
haine éternelle. Je détruirai ses plus beaux
ouvrages. Je n'ai rien de leurs grâces, ni de
leur majesté. Je veux briser ce lien des âmes
qui n'a pas de prise sur la mienne. Elle m'a
refusé les douces émotions de l'amour, son
éloquence voluptueuse... La force me fera des
droits, et j'extirperai autour de moi tout ce
qui m'empêche d'agir en maître.

SCÈNE II

FRANÇOIS, AMÉLIE, *qui marche d'un pas lan-
guissant, paraît dans le fond.*

FRANÇOIS.

Elle vient! Ha! ha! cela opère! Sa marche
languissante me l'assure... Je ne l'aime point...
mais je ne veux pas qu'un autre soit heureux
par tant d'attraits. Hélas! aux cœurs heureux
les vertus sont faciles! Beauté que je veux
flétrir, étouffer dans mes bras, tu n'auras fleur

pour personne... Que fait-elle donc là? (*Amélie, qui ne l'aperçoit pas, déchire un bouquet de fleurs et l'écrase sous ses pieds. François s'approche d'un air moqueur.*) Ces pauvres violettes, quel mal vous ont-elles fait?

AMÉLIE, *effrayée, mesurant François d'un long regard.*

Toi ici? je te désirais... C'est toi que je voulais, toi seul, toi seul dans toute la création.

FRANÇOIS.

Que je suis heureux! Moi seul dans l'immense création.

AMÉLIE.

Toi, toi seul! brûlante et affamée, je languis, je voudrais... j'ai soif de toi. Reste, je t'en conjure... je me sens soulagée quand je puis te maudire en face (1).

FRANÇOIS.

A moi ce traitement! Mon enfant, tu te trompes; va trouver le père!

AMÉLIE.

Le père? Un père qui sert son fils sur la table du désespoir? Dans son château il s'enivre de vins exquis, et il caresse ses membres flétris dans l'édredon voluptueux, tandis que son grand et magnanime fils manque du nécessaire. Rougissez, inhumains! Ames féroces

(1) *Wenn ich meinen Schmerz in dein Angesicht grifern kann* (quand je puis te cracher ma douleur au visage).

et cadavéreuses, vous êtes la honte de l'humanité!... Son fils unique...

FRANÇOIS.

Je croyais qu'il en avait deux.

AMÉLIE.

Oui! il méritait d'avoir deux fils tels que toi! Sur son lit de mort il étendra ses mains livides vers son Charles, et frémira d'effroi en saisissant la main glacée de son François. Oh! il est doux, délicieux d'être maudit par un père!

FRANÇOIS.

Tu es en délire, mon amie; je te plains.

AMÉLIE.

Oh! je t'en prie! Plains-tu ton frère? Non, cruel, tu le hais. Tu me hais aussi, j'espère?

FRANÇOIS.

Je t'aime comme moi-même, Amélie.

AMÉLIE.

Si tu m'aimes, peux-tu me refuser une seule prière?

FRANÇOIS.

Aucune, aucune! si tu ne demandes pas plus que ma vie.

AMÉLIE.

Je te demande une grâce qui est de ta nature, et tu me l'accorderas volontiers (*avec orgueil*): c'est de me haïr!... Je rougirais de honte si, en pensant à Charles, il me venait

dans l'idée que tu ne me hais pas! Tu me le
promets, au moins? Va-t'en maintenant, et
laisse-moi.

FRANÇOIS.

Charmante rêveuse, j'admire ton cœur plein
de douceur. (*Mettant la main sur le cœur d'A-
mélie.* Là Charles régnait comme un dieu
dans son temple; tu voyais Charles partout
où tu portais tes regards, Charles occupait
tous tes songes, toute la création te parais-
sait concentrée en lui seul, ne te parler que
de lui seul, ne t'animer que de lui seul.

AMÉLIE, *émue.*

Oui, je l'avoue. En dépit de vous, barbares,
je veux le dire au monde entier... Je l'aime.

FRANÇOIS.

C'est inhumanité, c'est cruauté de récompenser ainsi tant d'amour! d'oublier celle...

AMÉLIE, *vivement.*

M'oublier?

FRANÇOIS.

Ne lui avais-tu pas mis au doigt un anneau? un anneau de diamants pour gage de
ta foi?... Je sais bien qu'il est difficile à un
jeune homme de résister aux charmes d'une
courtisane : qui le blâmera, puisqu'il ne lui
restait plus rien à donner?... et ne l'a-t-elle pas
payé avec usure par ses caresses et ses baisers?

AMÉLIE, *irritée.*

Mon anneau à une courtisane?

FRANÇOIS.

C'est infâme!..... Encore si ce n'était que cela... De quelque prix que soit un anneau, l'on peut toujours, à force d'argent, le racheter... Peut-être la façon lui a-t-elle déplu!... peut-être aussi l'a-t-il changé contre un plus bel anneau.

AMÉLIE.

Mais mon anneau! mon anneau!

FRANÇOIS.

Votre anneau, Amélie... Ah! un tel bijou à mon doigt... et de la main d'Amélie!... La mort ne me l'aurait pas arraché... N'est-il pas vrai, Amélie? Ce n'est pas la richesse du diamant, ce n'est pas l'art de l'ouvrier... C'est l'amour qui fait tout son prix!... Chère enfant, tu pleures? Malheur à qui arrache ces perles si précieuses à ces yeux si célestes!... Ah! et si tu savais tout! Si tu le voyais lui-même, si tu le voyais avec ces traits '

AMÉLIE.

Sous quels traits, monstre?

FRANÇOIS.

Bonne Amélie, ne cherche point à en savoir davantage. (*A part, mais de manière qu'Amélie puisse l'entendre*). Encore si, pour se dérober à l'œil de l'innocence, il avait un voile, ce vice horrible! Mais il se montre et fait horreur dans un œil jaune et plombé. Sa figure pâle et creuse, et ses os desséchés qui percent ses joues livides, trahissent sa laideur; sa voix

altérée bégaye : qui ne haïrait la difformité de
ce squelette tremblant et décharné ? Ce vice
horrible pénètre jusque dans la moelle des
os... Quel dégoût !... Amélie, tu as vu dernièrement dans notre hôpital, ce malheureux qui
a exhalé son âme dans un soupir empoi-
sonné... La pudeur, n'osant le regarder, fer-
mait son œil timide ; tu l'as plaint avec horreur... Rappelle-toi son image tout entière, et
Charles est devant toi. De ses levres coulent
le poison et la mort sur les baisers d'Amélie.

AMÉLIE, se détournant.

Ah !... calomniateur sans pudeur !

FRANÇOIS.

Ce Charles te fait horreur ! son image seule
t'inspire du dégoût ? Va donc le regarder, ton
Charles, ce beau, ce divin jeune homme, un
ange ! Va respirer avec volupté son haleine
enflammée, et qu'il rafraîchisse tes joues de
roses par ses baisers d'ambroisie. (*Amélie se
couvre le visage de ses mains.*) Quelle ivresse
amoureuse ! quelle volupté dans ses embrassements !... Mais n'est-il pas bien injuste de
condamner un homme à cause de son exté-
rieur malade ? Une âme grande et belle peut
briller dans un misérable corps souillé d'ulcè-
res, comme un rubis brille dans un bourbier
(*riant d'un rire méchant* ; sur des levres déchi-
rées de boutons impurs, ne se peut-il pas que
l'amour... Il est vrai que si l'âme est flétrie
comme le corps, de toutes les souillures de
la débauche, si la vertu se perd avec la chas-
teté, comme l'odeur dans une rose fanée...

AMÉLIE, *avec un transport de joie.*

Ah! mon cher Charles! je te reconnais! je
te revois aussi beau que tu étais.... Tout ce
qu'il a dit est mensonge... Ne sais-tu pas, misérable, qu'il est impossible... (*François reste
comme enseveli dans un morne silence, et tout à
coup se détourne et sort. Amélie l'arrête.*) Où vas-
tu? Est-ce ta honte que tu fuis?

FRANÇOIS, *cachant son visage.*

Laisse-moi, laisse-moi, que je donne un libre cours à mes larmes. Père tyrannique! livrer ainsi le meilleur de tes fils à la misère...
à la honte qui l'entoure. Laisse-moi, Amélie,
je vais tomber à ses pieds, le conjurer à genoux de me charger de sa malédiction, de la
rouler sur moi seul, de me déshériter... Moi...
mon sang... ma vie... tout...

AMÉLIE, *se jetant à son cou.*

Frère de mon Charles, bon et sensible François!

FRANÇOIS.

O Amélie! je t'aime pour cette inébranlable
fidélité que tu conserves à mon frère... Pardonne si j'ai osé mettre tant d'amour à une
aussi rude épreuve!... Que tu as bien justifié
mes désirs!... Par ces larmes, par ces brû-
lants soupirs, par cette indignation céleste...
C'est ainsi que nos âmes fraternelles savaient
s'entendre.

AMÉLIE, *secouant la tête.*

Non, non, par la chaste lumière du ciel!

pas une goutte de son sang, pas une étincelle
de son génie... rien de sa sensibilité.

FRANÇOIS.

Dans une belle soirée, la dernière avant son
départ pour Leipzig, il m'emmena avec lui
dans ce berceau qui vous a vus tant de fois
assis ensemble dans les douces rêveries de
l'amour... Nous restâmes longtemps sans oser
respirer... Enfin, il prend ma main, et tout
baigné de larmes : « Je quitte Amélie, s'é-
crie-t-il d'une voix éteinte, je ne sais... J'ai
un pressentiment que c'est pour toujours... Ne
l'abandonne pas, mon frère... sois son ami...
son Charles... si Charles... la perdait pour
toujours... » *Il se jette aux genoux d'Amélie et
baise sa main avec transport.*) Et Charles ne reviendra... jamais. Et moi, je me suis engagé
solennellement, je lui ai fait une promesse
sacrée...

AMÉLIE, *reculant d'effroi.*

Traître, tu es démasqué. C'est dans ce même
berceau qu'il m'a fait promettre que jamais un
autre amour... même après sa mort... Vois-tu
combien tu es impie, un exécrable monstre...
Fuis loin de mes yeux.

FRANÇOIS.

Tu ne me connais pas, Amélie, non, tu ne
me connais pas.

AMÉLIE.

Oh! c'est en ce moment que je t'ai bien
connu. Et tu voudrais lui ressembler? Devant
toi il aurait pleuré pour moi? Devant toi?...

Il aurait plutôt écrit mon nom sur la potence.
Sors.

FRANÇOIS.

Tu m'offenses.

AMÉLIE.

Sors, te dis-je. Tu m'as dérobé une larme
précieuse ! Qu'elle soit prise sur ta vie !

FRANÇOIS.

Tu me hais.

AMÉLIE.

Je te méprise. Sors.

FRANÇOIS, *frappant la terre dans sa fureur.*

Attends. Voilà comme je te ferai trembler.
Me sacrifier à un mendiant ! (*Il sort comme un
forcené.*)

AMÉLIE.

Va-t'en, misérable !... Enfin, je suis avec
Charles... A un mendiant ! Où sont les lois, ô
monde ! Des mendiants sont donc des rois, et
les rois sont des mendiants... Je n'échangerais
pas les haillons qu'il porte contre la pourpre
des souverains... Le regard avec lequel il demande l'aumône doit être un grand regard...
un regard qui anéantit la magnificence, la
pompe, le triomphe des grands et des riches !
(*Arrachant avec indignation les perles de son cou.*)
Parure splendide, je te foule à mes pieds. Soyez
condamnés à vous charger d'or, d'argent et de
diamants, grands et riches, je vous condamne
à vous enivrer de mollesse et de volupté !...
Charles, Charles, voilà comme je suis digne de
toi !

SCÈNE III

Sur les frontières de la Saxe. — Une auberge.

CHARLES MOOR, *seul, se promenant avec impatience.*

Où diable peuvent-ils être?... Ils auront fait une course à cheval... Hola! du vin ici, je n'en ai plus!... Il est bientôt nuit et la poste n'est pas arrivée. (*La main sur le cœur.*) Jeune homme! jeune homme! comme il palpite là!... Du vin, du vin donc! J'ai aujourd'hui doublement besoin de mon courage... pour la joie ou pour le désespoir... *On apporte du vin, il boit et frappe la table de son verre.*) Maudite inégalité parmi les hommes! L'argent se rouille dans les trésors de l'avarice, et la pauvreté attache du plomb à la plus noble entreprise de la jeunesse... Des drôles qui crèveraient dix fois avant de pouvoir compter leurs rentes, ont usé le seuil de ma porte pour arracher une poignée de misérables dettes... J'avais beau leur serrer la main avec un épanchement du cœur : « Je ne vous demande qu'un jour! » Prières, serments, ils n'entendent rien. Les prières, les serments, les larmes rebondissent sur leur peau de bouc...

SCÈNE IV

SPIEGELBERG, *avec des lettres*, CHARLES MOOR.

SPIEGELBERG.

Mille diables! coup sur coup! Malédiction!

Sais-tu, Moor, sais-tu?... C'est à devenir fou!...

MOOR.

Et quoi donc de nouveau?

SPIEGELBERG.

Tu le demandes?... Lis... lis toi-même.., Notre métier est à vau-l'eau... La paix est en Allemagne. Que le diable emporte les moines!

MOOR.

La paix en Allemagne!

SPIEGELBERG.

Il y a de quoi se pendre... Le droit du plus fort détruit pour toujours... toute espèce de guerre défendue, sous peine de mort... Meurtre et mort!... Crève, Moor... Des plumes griffonneront ou jadis nos glaives tranchants...

MOOR, *jetant son sabre avec colère.*

Que de vils poltrons gouvernent donc, et que les hommes brisent leurs armes... La paix en Allemagne!... Allemagne, tu es flétrie pour toujours... Une plume d'oie au lieu de lance... Non, je ne veux pas y penser... Il faut enchaîner ma langue et ma volonté dans leurs lois!... La paix en Allemagne!... Malédiction sur cette paix... elle force à ramper qui allait s'élever d'un vol d'aigle... La paix n'a pas encore formé un grand homme, la guerre enfante des géants et des héros... (*Avec feu*). Ah! si l'âme d'Hermann brûlait encore sous la cendre! Qu'on me place devant une troupe d'hommes tels que moi et hors de l'Allemagne... hors de l'Allemagne... Mais non, non, non. Elle doit finir, et son heure est venue. Plus de battements de pouls libre dans les petits-fils de Barberousse. Je veux dans mes bois paternels oublier de combattre.

SPIEGELBERG.

Comment, diable! tu ne voudrais pas jouer le rôle de l'enfant prodigue, j'espère? Un homme comme toi, dont l'épée a plus écrit sur les figures que trois secrétaires n'en pourraient barbouiller sur des textes de lois dans une année bissextile! Fi donc! Rougis de honte... Il ne faut pas que le malheur fasse d'un grand homme un lâche.

MOOR.

Je veux demander pardon à mon père, Maurice, et je n'en rougirai point. Appelle, si tu veux, faiblesse ce respect pour mon père... c'est la faiblesse d'un homme, et celui qui ne l'a pas doit être un Dieu... ou une brute... Laisse-moi garder toujours un juste milieu.

SPIEGELBERG.

Va-t'en, va! Tu n'es plus Moor. Te rappelles-tu combien de fois, le verre à la main, tu t'es moqué de ce vieux ladre? « Qu'il grapille et qu'il entasse, disais-tu, cela servira pour user mon gosier à force de boire. » Te rappelles-tu cela? hé? te le rappelles-tu?... O malheureuse et pitoyable jactance!... Encore c'était parler en homme, en gentilhomme ; mais...

MOOR.

Malédiction sur toi pour m'avoir rappelé mon crime! Malédiction sur moi pour l'avoir commis !... C'était dans les vapeurs du vin, et mon cœur n'entendait pas les forfanteries de ma langue.

SPIEGELBERG, *branlant la tête*.

Non, non, non, cela ne se peut pas. Impossible, camarade, que ce puisse être sérieux. Dis donc, l'ami, ne serait-ce pas la nécessité qui te ferait chanter sur ce ton-là? Oh! n'aie pas peur, si l'on nous pousse à bout, le courage croît avec le danger, et la force s'élève avec la contrainte. Il faut que la destinée veuille faire de nous de grands hommes, puisqu'elle barre ainsi le chemin.

MOOR, *avec humeur*.

Il me semble qu'il n'y a plus rien pour éprouver notre courage : où ne l'avons-nous pas déployé ?

SPIEGELBERG.

Très-bien! Et tu voudrais laisser se perdre les dons de la nature? tu veux enfouir tes talents? Crois-tu donc que tes espiégleries à Leipzig soient les bornes de l'esprit humain ? Entrons dans le grand monde, et tu verras bien autre chose. Paris et Londres! — Là, c'est un ravissement d'y pratiquer le métier en grand... Bouche béante, tu ouvriras de grands yeux ébahis! Comme on contrefait des signatures, comme on pipe les dés, comme on force les serrures ; et les entrailles des coffres-forts, avec quelle adresse on les vide! C'est de Spiegelberg qu'il te faudra apprendre tout cela. L'imbécile qui veut mourir de faim dans la ligne droite mérite d'être attaché à une potence... Avec des doigts crochus...

MOOR, *avec ironie.*

Comment? tu en es là déjà?

SPIEGELBERG.

Je crois que tu n'as pas grande confiance en ma capacité. Attends, que je m'échauffe, et tu verras s'opérer des miracles. Ta petite cervelle ébranlée se retournera dans ta tête quand mon génie enfantera ses prodigieux desseins. (*Frappant la table.*) César, ou rien, *aut Cæsar, aut nihil.* Tu seras jaloux de moi.

MOOR, *le regardant*

Maurice !

SPIEGELBERG, *vivement.*

Oui ! jaloux, là, dans le cœur; toi, et vous tous, vous serez tous jaloux de moi, toute votre intelligence ne pourra comprendre les plans rusés que j'inventerai. Quel jour tout à coup m'éclaire ! De grandes pensées crépusculent dans mon âme, des rêves de géant s'agitent dans mon cerveau créateur. Maudit sommeil de ma raison (*se frappant la tête*), qui enchaînait ma force et mes espérances... Je m'éveille, je sens qui je suis, ce que je dois devenir ! Va, laisse-moi. Vous serez tous nourris de mes bienfaits.

MOOR.

Tu es un fat. C'est le vin qui gasconne dans ta cervelle.

SPIEGELBERG, *encore plus animé.*

« Spiegelberg, dira-t-on, es-tu sorcier, Spiegelberg ? — C'est dommage que tu ne sois
pas général, dira le roi, tu aurais fait passer
nos ennemis par une boutonnière. J'entends
les médecins gémir. — Cet homme est inexcu-
sable de n'avoir pas étudié la médecine ; il eût
inventé un nouveau remède universel ! — Ah
diront les Sully, dans leur cabinet, avec un
soupir, pourquoi n'a-t-il pas donné dans la
finance ; en pressant la pierre, par la magie il
en eût exprimé de l'or. » Et le nom de Spiegelberg volera d'Orient en Occident... Et vous,
lâches, sinistres crapauds, vous resterez dans
la crotte, tandis que Spiegelberg d'un vol sublime volera vers le temple de la gloire.

MOOR.

Bon voyage ! Monte au faîte des honneurs
par-dessus le poteau de l'ignominie. Dans
l'ombre de mes bois paternels, dans les bras
de mon Amélie, une plus noble joie m'appelle.

Dès la semaine dernière, j'ai écrit à mon
père, je lui demande pardon, je ne lui ai pas
caché la moindre de mes fautes, et la sincérité
trouve toujours compassion et secours. Fai-
sons-nous nos adieux, Maurice, et pour toujours.
La poste est arrivée. Le pardon de mon père
est déjà dans les murs de cette ville.

SCÈNE V

SCHWEIZER, GRIMM,
ROLLER, SCHUFTERLE, LES PRÉCÉDENTS.

ROLLER.

Savez-vous qu'on nous cherche ?

GRIMM.

Qu'à chaque instant nous devons craindre
d'être arrêtés ?

MOOR.

Pourquoi s'étonner? N'importe. N'avez-vous
pas vu Razmann ? Ne vous a-t-il pas dit qu'il
avait une lettre pour moi ?

ROLLER.

Je le crois, car il y a longtemps qu'il te
cherche.

MOOR.

Où est-il ? Où ? où ? (Il veut sortir).

ROLLER.

Reste. Nous lui avons dit de se rendre ici.
Tu trembles ?

MOOR.

Je ne tremble pas. Et pourquoi tremblerais-
je ? Camarades, cette lettre... Réjouissez-vous
avec moi. Je suis le plus heureux des hommes;
pourquoi tremblerais-je ? (Schweizer s'assied à
la place de Spiegelberg et boit son vin).

SCÈNE VI

RAZMANN, LES PRÉCÉDENTS.

MOOR, *volant vers lui.*

Camarade, camarade. la lettre, la lettre !

RAZMANN, *lui donnant la lettre, qu'il ouvre avec précipitation.*

Qu'as-tu donc ? Tu deviens pâle comme ce mur.

MOOR.

De la main de mon frère !

ROLLER.

Quelle comédie joue donc là Spiegelberg ?

GRIMM.

Il est fou. Il fait des gestes comme à la danse de Saint-Veit.

SCHUFTERLE.

Son esprit bat la campagne. Je crois qu'il fait des vers.

R   ER.

Spiegelberg ! Hé, Spiegelberg !.... L'animal n'entend pas.

GRIMM, *le secouant.*

Holà, hé ! dis donc si tu rêves ? (*Spiegelberg qui, pendant tout ce temps-là, dans un coin de la chambre, s'est agité sur son siége comme un homme à projets, se lève en sursaut, l'œil égaré,* ⁁

*s'écrie : La bourse ou la vie ! (1) (Il prend
Schweizer à la gorge : celui ci le jette contre le
mur. Ils rient tous. Moor laisse tomber la lettre,
et sort avec fureur. Ils se taisent tout à coup, et
le regardent avec attention).*

ROLLER, *courant après lui.*

Moor ! où vas-tu, Moor ? Qu'as-tu ?

GRIMM.

Qu'a-t-il ? qu'a-t-il donc ? Il est pâle comme
un mort.

MOOR.

Perdu ! perdu ! (*Il sort désespéré.*)

GRIMM.

Il faut qu'il ait reçu de bonnes nouvelles.
Voyons donc cela.

ROLLER, *ramassant la lettre et lisant.*

« Malheureux frère. » — Le commencement
est gai. — « En deux mots, il faut que je te
dise qu'il ne te reste aucune espérance. Il peut
s'en aller, dit ton père, où ses infamies le con-
duiront. Il dit encore que tu ne dois pas espérer d'obtenir jamais grâce si tu venais pleurer
à ses genoux, tu peux compter que tu serais
régalé de pain et d'eau dans le plus profond
souterrain des tours de son château, jusqu'à
ce que tes cheveux aient poussé comme des
plumes d'aigle, et tes ongles comme les serres
d'un vautour. Ce sont ses propres paroles. Il
m'ordonne de finir la lettre. Adieu pour toujours : je te plains. — FRANÇOIS DE MOOR. »

(1) Ces mots sont en français dans l'original.

[SCHWEIZER.

Voilà, ma foi, un petit frère doux comme du sucre... Et cette canaille se nomme François?

SPIEGELBERG, *s'approchant à pas de loup.*

Du pain et de l'eau! Une belle vie! Non, je vous donnerai quelque chose de mieux. N'ai-je pas toujours dit qu'il me faudrait à la fin penser pour vous tous?

SCHWEIZER.

Que dit cet animal? Cette tête de mouton veut penser pour nous tous?

SPIEGELBERG.

Des lâches, des lièvres, des cœurs d'épon-ges, des chiens boiteux, voilà ce que vous êtes tous, si vous n'avez pas le courage de hasarder quelque grand coup de maître.

ROLLER.

Eh bien! nous serions des lâches, tu dis vrai... Mais ce que tu veux entreprendre nous peut-il tirer de ce mauvais pas? Dis.

SPIEGELBERG, *avec un éclat de rire plein de suffi-
sance.*

Pauvre tête! vous tirer de ce mauvais pas? Ha, ha, ha! De ce mauvais pas?... Je te croyais au moins un plein dé de cervelle, et ta rosse, après ce beau chef-d'œuvre, s'en retourne à l'écurie? Il faudrait que Spiegelberg ne fût qu'un imbécile si pour si peu de chose il se donnait seulement la peine de penser. C'est

SCHILLER   2

pour faire de vous des héros, te dis-je, des
barons, des princes, des dieux ?

RAZMANN.

C'est bien fort pour un coup d'essai ; c'es
sans doute une œuvre de casse-cou ; cela nous
coûtera pour le moins la tête.

SPIEGELBERG.

Pas à toi, Razmann, je t'en réponds. Il ne
faut que du courage, car, pour l'esprit, je
m'en charge seul. Du courage, te dis-je,
Schweizer, du courage, Roller, Grimm, Razmann. Schufterle ! Ce n'est que du courage
qu'il faut...

SCHWEIZER.

Du courage ? S'il ne faut que cela, j'ai assez
de courage pour traverser l'enfer à pieds nus

RAZMANN.

J'ai assez de courage pour disputer à Satan
même, sous la potence, le cadavre d'un scé-

SPIEGELBERG.

Voilà ce que j'aime. Si vous avez du courage, que l'un de vous s'avance et qu'il dise
« J'ai encore quelque chose à perdre. » (Ils
restent sans répondre.) Point de réponse.

ROLLER.

Pourquoi tant de paroles perdues ? Si avec
de la raison on peut le comprendre, si avec
du courage on peut l'exécuter... Parle.

SPIEGELBERG.

Écoutez donc. (*Il se met au milieu d'eux, et les regarde d'un air effaré.*) S'il coule encore dans vos veines une goutte du sang des héros allemands, venez... Nous voulons établir notre demeure dans les forêts de la Bohême, y rassembler une bande de brigands, et... Comme vous me regardez? Votre peu de courage s'est-il déjà glacé?

ROLLER.

Tu n'es pas, il est vrai, le premier fripon qui ait regardé par-dessus la potence, et cependant... quel autre choix...

SPIEGELBERG.

Choix? Vous? Vous n'avez rien à choisir. Voulez-vous rester ensevelis dans la prison où pourrissent les débiteurs, y filer la laine jusqu'à ce que la trompette vous appelle au grand jour du jugement? Voulez-vous, avec la pelle et la bêche gagner un petit morceau de pain grossier arrosé d'une sueur de sang? Voulez-vous, par vos chants importuns, aller arracher aux fenêtres une maigre aumône? Voulez-vous être soldats, et reste à savoir encore si l'on se fiera à votre physionomie; et là, sous les ordres d'un sergent brutal, souffrir, dès ce monde tous les tourments de l'enfer, ou vous promener dans la grande allée, (1) au son du tambour, ou, dans le paradis des galériens, traîner toute la ferraille de la forge de Vulcain? Voyez, voilà tout ce que vous avez à choisir.

(1) Passer par les courroies.

ROLLER.

Tu es un maître orateur, Spiegelberg, lorsqu'il s'agit de faire d'un honnête homme un
fripon... Mais dites-moi donc, vous autres,
qu'est devenu Moor?

SPIEGELBERG.

Honnête, dis-tu? Crois-tu qu'alors tu serais
moins honnête, Roller? Qu'appelles-tu honnête? Débarrasser des riches malheureux d'un
tiers de leurs inquiétudes, qui chassent loin
d'eux le doux sommeil et les songes dorés;
faire circuler l'argent embarrassé dans des
canaux impurs, rétablir dans les fortunes la
balance égale, rappeler l'âge d'or; soulager la
terre d'une charge importune, épargner au
Dieu vengeur la guerre, la peste, la famine,
les médecins; dire avec orgueil : quand je
m'assieds à mon repas, ce sont mes ruses,
mon courage de lion et mes veilles qui me
l'ont gagné... Etre respecté des grands et des
petits...

ROLLER.

Et finir par une ascension solennelle en dépit de l'orage et des vents, en dépit de la
dent vorace du vieux Saturne; planer sous le
soleil et la lune, et tous les astres, où les oi-
seaux en chœur feront entendre leurs célestes
concerts, n'est-ce pas?... Et pendant que les
rois et les grands de la terre seront mangés
des vers, avoir l'honneur de recevoir les vi-
sites de l'oiseau royal de Jupiter?... Maurice,
Maurice, Maurice! prends garde à toi, prends
garde à la bête à trois pieds (1).

(1) La potence.

SPIEGELBERG.

Et cela te fait peur, cœur de lièvre? Plus
d'un génie universel qui aurait pu réformer le
monde, a déjà pourri entre le ciel et la terre,
et ne parle-t-on pas d'un tel génie des siècles
entiers? n'est-il pas l'éternel entretien de la
postérité qui l'admire? tandis que des foules
de rois et d'électeurs ne seraient pas même
comptés dans l'histoire des âges, si l'historio-
graphe ne craignait d'interrompre la chaîne
des successeurs, et s'il ne grossissait par là
son livre de quelques pages avares, que son
libraire, encore plus avide, lui paye à tant la
feuille... Et quand le voyageur le voit ballotté
par les vents : « Celui-là n'avait pas de l'eau
dans la cervelle, » murmure-t-il entre ses
dents, et il soupire sur la dureté des temps.

RAZMANN.

Tu parles en maître, Spiegelberg, en maître!
Comme un autre Orphée, tu as assoupi la bête
hurlante, ma conscience. Prends-moi tout
entier, me voilà.

GRIMM.

Et l'on appelle cette mort une flétrissure!....
Eh bien! ne peut-on pas à tout événement
avoir toujours dans sa poche une poudre salu-
taire qui vous expédie en silence à l'Achéron,
où il n'y a plus personne qui vous poursuive...
Courage, camarade Maurice, tu viens aussi
d'entendre la profession de foi de Grimm. (Il
lui donne la main.)

SCHUFTERLE.

Tonnerre! ils sont tous là dans ma tête...

Charlatans... soterie.... alchimistes, des coquins tous pêle-mêle... Celui qui fait l'offre la
plus raisonnable m'aura... Prends cette main,
cousin.

SCHWEIZER *s'approche lentement.*

Maurice, tu es un grand homme! ou, pour
mieux dire, un cochon aveugle a trouvé un
gland.

ROLLER, *après un profond silence pendant lequel il
promène un long regard sur Schweizer.*

Et toi aussi, ami? *Il lui tend la main droite
avec chaleur.* Roller et Schweizer... fût-ce pour
entrer dans les enfers.

SPIEGELBERG, *bondissant de joie.*

Aux étoiles, camarades. Passage libre pour
aller à César et Catilina!... Courage... Et ce
vin-là, qu'on l'avale!... Vive le dieu Mercure!

TOUS, *en buvant d'un trait.*

Vivat!

SPIEGELBERG.

Et à présent, marchons à l'ouvrage. Dans
un an d'aujourd'hui chacun de vous doit pouvoir acheter un comté.

SCHWEIZER, *entre ses dents.*

S'il n'est pas sur la roue. *Ils vont pour sortir.*

ROLLER.

Doucement, mes enfants, doucement, où al-
lez-vous? Il faut que l'animal ait aussi une
tête. Sans chef, Rome et Sparte ont péri.

SPIEGELBERG, *avec souplesse.*

Oui, c'est bien dit, Roller parle bien ; et il
faut que ce soit une tête rusée, éclairée... une
tête d'une profonde politique... Ha! ba! (*les
bras croisés au milieu d'eux.*) Quand je pense à
ce que vous étiez il y a deux minutes, quand
je regarde ce que vous êtes à présent par une
seule pensée heureuse... oh ! certainement il
vous faut un chef... Et une telle pensée...
convenez-en... ne pouvait sortir que d'une
tête rusée, d'une tête politique.

ROLLER.

Si l'on pouvait espérer... s'il était possible
d'imaginer... Je désespère de son consente-
ment.

SPIEGELBERG.

Et pourquoi en désespérer, mon bon ami ?
Tout difficile qu'il soit de gouverner le vais-
seau contre les flots soulevés par l'orage,
quelque pesant que soit le poids des couron-
nes... Parle hardiment, mon enfant... peut-être,
peut-être sera-t-il possible de l'attendrir.

ROLLER.

Ce ne sera qu'un brigandage s'il ne se met
pas à notre tête... Sans Moor, nous sommes
un corps sans âme.

SPIEGELBERG, *se détournant avec humeur.*

L'imbécile !

SCÈNE VII

C. MOOR, *entrant avec des mouvements sauvages;*
il marche à grands pas précipités, se parlant à
lui-même; LES PRÉCÉDENTS.

MOOR.

Des hommes! des hommes! Engeance de
vipères, de crocodiles! Des yeux en pleurs,
des cœurs de fer! Des baisers sur les lèvres,
et dans le sein un poignard. Les lions et la
panthère nourrissent leurs petits, les corbeaux
donnent aux leurs la chair des cadavres, et
lui, lui!... J'ai appris à supporter la plus affreuse malice, je puis sourire, quand mon ennemi, dans sa fureur, me présente à boire le
sang du cœur... Mais quand l'amour paternel
n'est plus qu'une haine implacable; alors que
tout mon courage s'allume, Moor, doux agneau,
deviens tigre, et que toutes mes fibres frémissantes se tendent pour le désespoir et la des-
truction.

ROLLER.

Écoute, Moor, qu'en penses-tu? Une vie de
brigand ne vaut-elle pas mieux encore que
d'être pour toujours au pain et à l'eau, en-
fermé dans la plus affreuse prison?

MOOR.

Pourquoi cette âme n'anime-t-elle pas un
tigre, qui d'un coup de gueule déchire un
homme? Est-ce là la fidélité paternelle? Est-ce
amour pour amour? Je voudrais être ours, et
appeler tous les ours du Nord contre cette race

féroce... Repentir, et point de grâce?... Oh ! j'empoisonnerais l'Océan pour leur faire boire la mort dans toutes ses sources! Confiance, une pleine confiance, et point de pitié !

ROLLER.

Ecoute donc, Moor, ce que je te dis.

MOOR.

C'est incroyable ! c'est un songe!... Une prière si fervente, un tableau si touchant de malheur, des larmes de repentir. L'ours le plus féroce eût été effrayé de ma douleur, il eût été sensible à mes gémissements ;... et cependant,... si j'osais le publier, on le prendrait pour un libelle contre le genre humain. Oh ! oh ! oh!... Puissé-je faire retentir la trompette de la révolte dans la nature entière, et pour combattre cette race de hyènes, l'air, la terre, les mers et la foudre, soulever tous les éléments.

GRIMM.

Ecoute donc, Moor, écoute ; ta fureur t'empêche de rien entendre.

MOOR.

Fuis! loin de moi! Ton nom n'est-il pas *homme*! N'es-tu pas né de la femme!... Ne souille pas mes regards, toi qui as un visage d'homme!... Je l'ai si indiciblement aimé... Jamais enfant n'a tant aimé son père... J'aurais *(frappant du pied la terre, écumant de rage)*... Ah! celui qui à présent offrirait à ma main un glaive pour tuer, d'un seul coup, toute la race humaine, je le saisirais... Celui qui me dirait où il faut frapper pour briser, pour anéantir le germe de tous les hommes... celui-là serait mon ami, mon ange, mon Dieu... Je l'adorerais.

ROLLER.

Eh bien! nous serons tes amis; laisse-nous donc parler.

GRIMM.

Viens avec nous dans les forêts de la Bohême, nous voulons y rassembler une bande de brigands, et toi... (*Moor le regarde fixément*).

SCHWEIZER.

Tu seras notre capitaine! Il faut que tu sois notre capitaine !

SPIEGELBERG, *furieux, se jette dans un fauteuil*.

Esclaves et lâches !

MOOR.

Qui t'a inspiré cette pensée ? Réponds. (*Saisissant Roller avec force*). Tu ne l'as pas tirée hors de ton âme d'homme! Qui t'a inspiré cette pensée ? Oui, par la mort à mille bras! c'est là ce que nous voulons, ce que nous devons faire! On doit adorer cette pensée !... Brigands et assassins !... Aussi vrai que je sens mon cœur palpiter, je suis votre capitaine.

TOUS, *à grands cris*.

Vive le capitaine !...

SPIEGELBERG, *à part*.

Jusqu'à ce que je lui expédie son passeport.

MOOR.

Le bandeau tombe de mes yeux! Quel imbécile étais-je donc pour vouloir rentrer dans leurs tombeaux!... Non, j'ai soif de grandes actions, je brûle, j'étouffe, il faut que je respire la liberté!... *brigands et assassins!* Voilà les lois foulées sous mes pieds. Les hommes ont caché l'humanité quand j'en appelais à l'humanité. Loin de moi sympathie et pitié!... Je n'ai plus de père, je n'ai plus d'amour. Le sang et la mort m'apprendront à oublier que jamais quelque chose d'humain me fut cher. Venez, venez!... Oh! je veux quelque chose d'horrible pour me distraire... C'est dit, je suis votre capitaine, et vive le plus implacable d'entre vous qui brûlera, qui assassinera avec le plus de férocité; car, je vous le dis à tous, il sera récompensé en roi. Formez tous un cercle autour de moi, et jurez-moi fidélité et obéissance jusqu'à la mort.

TOUS, *lui donnant la main.*

Jusqu'à la mort! (*Spiegelberg se promène avec une fureur jalouse.*

MOOR.

Et à présent, par cette main d'homme (*Il étend sa main droite,* je vous jure ici de rester jusqu'à la mort votre fidèle et dévoué capitaine. Ce bras changera sur le champ en cadavre le premier qui tremble, hésite ou recule. Et qu'on en fasse autant de moi si je fausse mon serment. Êtes vous contents?

TOUS, *jetant leurs chapeaux en l'air.*

Nous sommes tous contents. (*Spiegelberg rit d'un mauvais rire.*)

MOOR.

Marchons donc! Ne craignez ni le danger, ni la mort... Nos destins sont immuables, et chacun de nous sera enfin surpris par son *jour de mort*, ou sur les coussins voluptueux de la mollesse, ou à la potence, ou sur la roue. Une de ces morts-là nous est destinée. (*Ils sortent.*)

SPIEGELBERG, *qui est resté seul.*

Tu n'y a pas mis la trahison.

FIN DU PREMIER ACTE

ACTE II

—

FRANÇOIS DE MOOR, *pensif dans sa chambr*

Les médecins me font trop attendre... La
vie d'un vieillard est une éternité.. Faut-
donc que mes plans sublimes se traînent
comme les heures d'un vieillard? Si l'on pouvait frayer à la mort avide un chemin nouveau pour entrer dans le fort de la vie?... Détruire le corps en déchirant l'âme... Ah! pour
qui en serait l'auteur, quelle découverte!...
Une merveille... une conquête... Un second
Colomb dans l'empire de la mort... Réfléchis,
Moor... Ce serait un art digne de t'avoir pour
inventeur... Et par où commencer mon ouvrage?... Quelle espèce d'émotion furieuse
briserait tout à coup la vie dans sa force?...
La colère?... Souvent ce loup affamé se sur-
charge et s'étouffe... Le chagrin? Ce ver se
traîne trop lentement... La crainte?... L'espérance ne lui permet pas de saisir sa victime...
(*Avec une affreuse méchanceté.*) Sont-ce là tous
les bourreaux de l'homme?... L'arsenal de la
mort est-il si facilement épuisé?... Hum! hum!
(*Il s'arrête.*) Comment? Eh bien!... quoi?...
Ah! (*Avec transport.*) La frayeur! que ne peut
la frayeur? Que peuvent la raison, l'espérance,

la religion, contre les embrassements glacés
de ce géant?... Et... s'il résistait encore à
cette secousse... Oh! alors, viens à mon secours, Douleur, et toi, Repentir, furie infernale, serpent rongeur, monstre qui rumines
ta nourriture; et toi, Remords aux hurlements affreux, toi qui dévastes ta propre maison, qui blesse ta propre mère; et vous aussi,
Grâces bienfaisantes, venez à mon secours;
toi, Passé, aux traits riants, et toi, brillant
Avenir, avec ta corne d'abondance, montrez-
lui dans vos miroirs les joies du ciel, quand
votre pied fugitif échappe à ses bras avides...
C'est ainsi qu'assauts sur assauts, sans relâche, j'attaquerai cette vie fragile, jusqu'à ce
qu'enfin la troupe des furies la livre.... au
désespoir!.... Triomphe! triomphe... Mon plan
est fait...

SCÈNE II

FRANÇOIS, HERMANN.

FRANÇOIS, *d'un air décidé.*

Allons. *Hermann entre.* Ah! *Deus ex machin*
Hermann!

HERMANN.

Pour vous servir, mon gentilhomme.

FRANÇOIS, *lui donnant la main.*

Tu n'obliges point un ingrat.

HERMANN.

J'en ai des preuves.

FRANÇOIS.

Tu en auras d'autres sous peu... sous peu...
Hermann !... J'ai quelque chose à te dire.

HERMANN.

J'écoute avec mille oreilles.

FRANÇOIS.

Je te connais... un homme décidé !... un
cœur de soldat... Mon père t'a bien offensé,
Hermann.

HERMANN

Que le diable m'emporte si je l'oublie !

FRANÇOIS.

C'est là parler en homme. La vengeance
convient à un cœur mâle. Tu me plais, Hermann. Prends cette bourse, elle serait plus
pesante si aujourd'hui j'étais le maître.

HERMANN.

C'est toujours mon plus ardent désir, mon
gentilhomme ; je vous remercie.

FRANÇOIS.

Vraiment, Hermann ! Désires-tu vraiment
que je sois le maître ?... Mais mon père a dans
les os la moelle d'un lion, et je suis son fils
cadet.

HERMANN.

Je voudrais bien que vous fussiez l'aîné, et
que votre père eût le sang appauvri d'un pul-
monique.

FRANÇOIS.

Ha! comme le fils aîné alors te récompen-
serait! comme il te ferait sortir de cette
ignoble poussière, qui convient si peu à ton
âme, à ta noblesse! Alors, tout entier comme
te voilà, tu serais couvert d'or, et quatre chevaux superbes te feraient rouler comme la
foudre. Oh! cela serait, va!... Mais j'oublie ce
que j'avais à te dire... As-tu déjà oublié mademoiselle d'Edelreich?

HERMANN.

Mille tonnerres! pourquoi faut-il que vous
m'en fassiez souvenir!

FRANÇOIS.

Mon frère te l'a soufflée.

HERMANN.

Il le payera.

FRANÇOIS.

Elle t'a brutalement refusé. Et lui, je crois
même qu'il t'a jeté en bas de l'escalier.

HERMANN.

Pour m'en venger, je le jetterai dans l'enfer.

FRANÇOIS.

Il a dit que l'on se chuchotait à l'oreille que
jamais ton père n'avait pu te regarder sans
se frapper la poitrine, et soupirer : « Grand
Dieu, disait-il, prends pitié de moi, pauvre
pécheur. »

HERMANN, *furieux.*

Par les éclairs, l'orage et le tonnerre : arrêtez !

FRANÇOIS.

Il te conseillait de vendre tes lettres de noblesse pour faire repriser tes bas.

HERMANN.

Je lui arracherai les yeux avec ces ongles-là, par tous les diables !

FRANÇOIS.

Comment ! Tu te fâches ? Comment peux-tu te fâcher contre lui ? Quel mal lui feras-tu ? Que peut un rat contre un lion ? Ta colère ne fait que rendre son triomphe plus doux. Il ne te reste qu'à grincer les dents et mordre dans ta fureur un morceau de pain sec.

HERMANN, *frappant du pied.*

Je veux l'écraser... je l'écraserai sous mes pieds.

FRANÇOIS, *lui frappant sur l'épaule.*

Fi, Hermann ! Tu es gentilhomme, tu ne dois pas renoncer à la demoiselle ; non, pour tout au monde, non, tu ne le dois pas, Hermann... Grêle et tempête ! Il n'y a rien que je ne voulusse entreprendre si j'étais à ta place.

HERMANN.

Je ne resterai pas tranquille tant que je ne l'aurai pas foulé sous mes pieds.

FRANÇOIS.

Pas si orageux, Hermann : approche! Tu auras Amélie.

HERMANN.

Je l'aurai, en dépit de Lucifer, il faut que je l'aie!

FRANÇOIS.

Tu l'auras, te dis-je. et de ma main,... Approche... Tu ne sais pas? peut-être que Charles est pour ainsi dire déshérité?

HERMANN, *s'approchant.*

C'est inconcevable!... En voilà la première nouvelle.

FRANÇOIS.

Sois calme, écoute... tu en sauras davantage une autre fois. Oui, te dis-je... depuis onze mois, il est comme exilé. Mais le vieillard se repent déjà du pas trop précipité, que cependant *il sourit* , je l'espère au moins, il n'a pas fait de lui-même. Aussi la Edelreich le poursuit-elle sans relâche par ses reproches et par ses pleurs. Tôt ou tard, il le fera chercher aux quatre coins du globe, et si on le trouve, adieu Hermann, bonsoir. Humblement, tu pourras alors lui ouvrir la portière de son carrosse, lorsqu'il ira au temple pour célébrer son mariage.

HERMANN.

Je l'étranglerai à l'autel.

FRANÇOIS.

Le père bientôt lui cédera sa seigneurie, et

vivra en paix dans la solitude de son château...
Alors cette tête superbe et fougueuse se rira
tes haïsseurs, des envieux... et moi, qui voulais faire de toi un homme important et riche,
moi-même, Hermann, je serai humblement
prosterné devant l'orgueilleux.

HERMANN, *avec chaleur.*

Non, aussi vrai que je m'appelle Hermann,
cela ne sera pas. S'il reste encore une étincelle
d'esprit sous ce cerveau, cela ne sera pas.

FRANÇOIS.

Peux-tu l'empêcher? A toi aussi, mon cher
Hermann, il te fera sentir la tyrannie, il te
crachera au visage lorsqu'il te rencontrera par
les rues, et malheur à toi si tu haussais les
épaules, si quelque geste d'indignation... Vois-
tu, voilà où tu en es avec tes droits sur Amélie, avec tes espérances, avec tes grands desseins.

HERMANN, *décidé.*

Parlez donc, que faut-il que je fasse?

FRANÇOIS.

Ecoute-moi donc, Hermann, et tu vas voir
si je prends ton sort à cœur comme un brave
ami..... Va... change tes habits, rends-toi
tout à fait méconnaissable, fais-toi annoncer
chez le vieillard, sous prétexte que tu reviens
tout droit de la guerre; dis que tu as assisté,
avec mon frère, à la dernière bataille... que tu
l'as vu expirer dans tes bras.

HERMANN.

Me croira-t-on?

FRANÇOIS.

Ho! ho! c'est mon affaire. Prends ces paquets, tu y trouveras ta commission détaillée et des titres qui feraient croire le Doute lui-même... Hâte-toi seulement de sortir sans être vu... glisse-toi dans la cour, et, de là, tu sauteras par-dessus le mur du jardin... Quant au dénoûment de cette tragi-comédie, je m'en charge.

HERMANN.

Et l'on dira alors : « Vive le nouveau maître François de Moor ! »

FRANÇOIS, *lui caressant la joue.*

Tu es fin !... Car, vois-tu, comme cela, nous réussirons dans tous nos projets et promptement. Amélie renonce à toute espérance. Le bon vieillard s'attribue la mort de son fils, et tombe malade... Un édifice qui chancelle n'a pas besoin pour s'écrouler d'un tremblement de terre... Il ne survivra pas à ta nouvelle... Alors je suis fils unique... Amélie, sans protecteurs, est le jouet de mes volontés, alors tu peux facilement imaginer... Tout va au gré de nos vœux;... mais il ne faut pas reprendre ta parole.

HERMANN.

Que dites-vous? (*Avec joie.*) La bombe rentrerait plutôt dans son mortier. Comptez sur moi. Laissez-moi faire. Adieu.

FRANÇOIS, *le rappelant.*

Songe bien que tu travailles pour toi...
(*Il le suit des yeux, et revient en riant d'un rire de
démon.*) Tout zèle, toute volonté! Avec quel
empressement le sot trompé saute hors des
sentiers de l'honnête homme pour attraper un
bien que jamais... Pour découvrir l'impossibi-
lité de l'obtenir, il faut tout simplement n'ê-
tre pas un imbécile. (*Avec humeur.*) Ah! c'est
impardonnable!... C'est un coquin, cependant,
et il se fie à mes promesses! Sans la moindre
inquiétude, il s'en va tromper un honnête
homme, et jamais il ne se pardonnera de l'avoir
trompé... Est-ce là ce vice-roi si vanté de la
création? Pardonne-moi donc, nature, si je
t'ai juré ma haine pour les traits que tu m'as
refusés, je veux que tu me dépouilles encore
de ce peu qui me reste d'humanité... Homme,
tu as perdu toute mon estime, et je ne veux
plus croire désormais qu'à la possibilité de te
nuire : à mes yeux ce n'est pas là un crime.
(*Il sort.*)

SCÈNE III

La chambre à coucher du comte.

LE COMTE MOOR, *endormi,* AMÉLIE.

AMÉLIE.

Doucement! doucement! il sommeille (*Elle
s'arrête devant le vieillard.*) Comme il est bon,
respectable!... Voilà comme on peint les saints!
Non! je ne puis me fâcher contre toi, vieillard! je ne puis m'irriter contre ces augustes

cheveux blancs ! (*Effeuillant sur le vieillard un bouquet de rose.* Sommeille dans le parfum des roses!... Que dans le parfum des roses Charles t'apparaisse dans tes songes... Eveille-toi dans le parfum des roses...Je veux aller m'endormir sous le romarin. (*Elle s'éloigne.*)

LE COMTE, *en songe.*

Mon Charles! mon Charles! mon Charles!

AMÉLIE, *s'arrêtant et revenant lentement.*

Paix ! son ange a exaucé ma prière. (*S'approchant tout près de lui.* L'air où son nom se mêle est doux à respirer! Je veux rester ici.

LE COMTE, *toujours en songe.*

Es-tu là?... réellement... (*Il crie.*) Ah! ah!... ne me regarde pas avec cet œil désespéré... Je suis assez malheureux. (*Il s'agite.*

AMÉLIE, *s'élançant, l'éveillant en sursaut.*

Réveillez-vous, mon oncle! ce n'était qu'un songe.

LE COMTE, *à demi éveillé.*

Il n'était pas là? Je ne pressais pas sa main? Je ne respire pas le doux parfum de ses roses?... Méchant François, veux-tu aussi l'arracher à mes songes?

AMÉLIE.

L'as-tu bien entendu, Amélie?

LE COMTE, *réveillé.*

Où suis-je donc? Tu es là, toi, ma nièce?

AMÉLIE.

Vous dormiez d'un sommeil digne d'envie.

LE COMTE.

Je revois mon Charles. Pourquoi mon rêve
a-t-il été interrompu? J'aurais peut-être ob-
tenu mon pardon de sa bouche?

AMÉLIE, *l'œil enflammé.*

Des anges ne conservent pas de haine... Il
vous pardonne. (*Pressant doucement sa main.*)
Père de Charles, je vous pardonne.

LE COMTE.

Non, ma fille, cette pâleur mortelle sur tes
joues m'accuse encore malgré ton cœur. Pauvre fille! j'ai flétri la joie de ta jeunesse ; ne
pardonne point... Seulement, ne me maudis
pas.

AMÉLIE.

L'amour ne connaît qu'une seule malédiction.(*Baisant la main du vieillard avec tendresse*).
La voici.

LE COMTE, *qui s'est levé.*

Que trouvé-je donc là? Des roses, ma fille?
Tu sèmes des roses sur l'assassin de ton
Charles?

AMÉLIE.

Des roses au père de mon amant *se jetant
à son cou*), à qui je n'en puis plus jeter.

LE COMTE.

Et à qui tu les aurais jetées avec bien plus
de joie... Cependant, mon Amélie, sans le
savoir, tu l'as fait... (*Tirant un rideau à la ruelle
de son lit.*) Connais-tu ce portrait?

AMÉLIE, *se précipitant vers le portrait.*

Charles!

LE COMTE.

Voilà comme il était à sa seizième année...
Oh! a présent, il est changé! Mes entrailles
paternelles frémissent. Cette douceur, c'est de
l'indignation; ce sourire, c'est du désespoir.
N'est-ce pas, Amélie? C'était à la fête de sa
naissance que tu l'as peint dans le berceau de
jasmin....

AMÉLIE.

Oh! ce jour ne sortira jamais de ma mémoire!... ce jour ne reviendra plus pour
Amélie! Comme il était assis devant moi, les
rayons dorés du soleil couchant rehaussaient
la fraîcheur de son teint mâle et radieux, ses
beaux cheveux noirs flottaient amoureuse-
ment. A tous les coups de pinceau, la jeune
fille anéantissait le peintre; le pinceau tombait, et mes lèvres tremblantes savouraient
ses traits avec ivresse. Dans mon cœur vivait
l'original, et sur la toile insensible il ne tombait plus que des traits affaiblis et sans couleur, comme le vague souvenir d'une harmo-
nieuse musique.

LE COMTE.

Continue, continue. Tes images me rajeu-
nissent. O ma fille! votre amour me rendait si
heureux!

AMÉLIE, *les yeux encore attachés sur le tableau.*

Non, non, ce n'est pas lui! ce n'est pas
Charles! *(Montrant son front et son cœur.)* C'est

là, c'est là... si ressemblant... et si différent.
Le pinceau ne peut rien retracer de son âme
céleste, qui se peignait dans ses regards...
Loin de moi cette image, ces traits vulgaires!
je n'étais qu'une écolière.

SCÈNE IV

DANIEL, LES PRÉCÉDENTS.

DANIEL.

Il y a la un homme qui vous demande. Il
prie qu'on le laisse entrer ; il a, dit-il, à vous
apprendre des choses importantes.

LE COMTE.

Il n'y a qu'une chose au monde importante
pour moi, tu le sais, Amélie... Est-ce un malheureux qui a besoin de mes secours! Il ne
s'en retournera pas en gémissant. (Daniel sort.)

AMÉLIE.

Si c'est un mendiant, qu'il entre tout de
suite.

LE COMTE.

Amélie, Amélie, épargne ma vieillesse.

SCÈNE V

FRANÇOIS, HERMANN déguisé, DANIEL,
LES PRÉCÉDENTS.

FRANÇOIS,

Le voilà, cet homme. Il a, dit-il, pour vous
d'affreuses nouvelles; pouvez-vous les entendre?

LE COMTE,

Je n'en crains qu'une. Approche, mon ami, parle sans détour. Daniel, donne-lui du vin.

HERMANN, *déguisant sa voix.*

Monseigneur, ne vous irritez pas contre un infortuné s'il vous perçait le cœur malgré lui. Je suis étranger, mais vous, je vous connais bien, vous êtes le père de Charles de Moor.

LE COMTE.

D'où sais-tu cela ?

HERMANN.

J'ai connu votre fils.

AMÉLIE, *se levant précipitamment.*

Il vit, lui ? Tu le connais ? Où est-il ? où ? où est-il ? *Elle veut sortir.*)

LE COMTE.

Tu connais mon fils ?

HERMANN.

Il a étudié à l'Université de Leipzig. Ensuite il a erré dans je ne sais quels pays. Il a parcouru toute l'Allemagne, et, comme il me l'a dit lui-même, tête et pieds nus, de porte en porte, mendiant son pain. Cinq mois après se ralluma la guerre, et n'ayant plus rien à espérer, il fut attiré par les tambours à la suite du roi vainqueur. « Permettez-moi, lui dit-il, de mourir sur le lit des héros, je n'ai plus de père. »

LE COMTE.

Ne me regarde pas, Amélie.

HERMANN.

On lui donna un drapeau. Il suivit la marche victorieuse du roi. Nous avons couché sous la même tente. Il parlait beaucoup de son vieux père, de jours autrefois plus heureux.... d'espérances évanouies... Les larmes nous en venaient aux yeux.

LE COMTE, *cachant sa tête dans un coussin.*

Assez, assez ! tais-toi !

HERMANN.

Huit jours après, nous avions une chaude bataille... Votre fils, je puis vous l'assurer, se conduisit en brave soldat. Il a fait des prodiges de valeur aux yeux de toute l'armée. Cinq régiments tour à tour relevés, et il est resté. Une pluie de feu tombait de tous côtés, et votre fils est resté. Une balle lui avait écrasé la main droite, il a pris le drapeau de la main gauche, et il est resté.

AMÉLIE, *dans l'enthousiasme.*

Et il est resté, mon père, il est resté !

HERMANN.

Je l'ai trouvé le soir dans la bataille, tombé à la même place; de la main gauche, il arrêtait le sang qui ruisselait d'une profonde blessure; son bras droit était enfoui dans la terre. « Camarade, me dit-il, un bruit s'est répandu dans les rangs que le général est tombé il y a une heure. — Il est tombé il y a une heure, lui dis-je, et toi ?—Eh bien ! s'est-il écrié en retirant sa main gauche, que tout

brave soldat suive, comme moi, son général; » et bientôt il a exhalé sa grande âme.

FRANÇOIS, *se précipitant furieux sur Hermann.*

Que la mort scelle ta langue maudite! Es-tu
venu donner à notre père le coup de la mort?...
Mon père! Amélie! mon père!

HERMANN.

J'exécute les dernières volontés de mon camarade mourant. « Prends mon épée, soupi-
rait-il, tu la porteras à mon vieux père; elle
est teinte du sang de son fils; il est vengé;
qu'il s'en repaisse! Dis-lui que sa malédiction
m'a jeté dans les combats et conduit à la
mort; que je meurs désespéré... Amélie! » Ce
nom est sorti de sa bouche avec son dernier
soupir.

AMÉLIE, *se réveillant comme d'un sommeil de mort.*

Amélie... et son dernier soupir.

LE COMTE, *avec des cris affreux.*

Ma malédiction t'a jeté dans les bras de la
mort! dans le désespoir!

HERMANN.

Voici l'épée, et voici un portrait qu'il tira
de son sein. Il ressemble tout à fait à cette
demoiselle. « C'est pour mon frère François.. » Je ne sais ce qu'il a voulu dire par
là!...

FRANÇOIS, *feignant la surprise.*

A moi le portrait d'Amélie! A moi, Charles,
Amélie, à moi?

AMÉLIE, *se jetant en fureur sur Hermann.*

Misérable fourbe, lâche et vendu! (*Elle le saisit rudement.*)

HERMANN.

J'ai dit la vérité, mademoiselle. Regardez vous-même, ce sont là vos traits. Vous lui avez peut-être donné vous-même ce portrait?

FRANÇOIS.

Par le ciel! Amélie, c'est le tien... c'est vraiment le tien!

AMÉLIE, *lui rendant le portrait.*

Le mien, le mien! ô ciel et terre!

LE COMTE, *criant et se déchirant le visage.*

Oh! oh! oh! ma malédiction l'a conduit à la mort!... j'ai été la cause de son désespoir!

FRANÇOIS.

A l'heure de la séparation éternelle, il a pensé à moi... à moi!... quand la mort allait rouler sur lui sa funèbre bannière... à moi!...

LE COMTE.

C'est moi qui l'ai maudit, qui l'ai tué, qui l'ai fait mourir désespéré!

HERMANN, *troublé et vraiment ému.*

Je ne puis pas voir cette désolation. Adieu, monseigneur! (*Bas à François.*) Comment avez-vous pu faire cela, jeune homme? (*Il sort à la hâte.*)

AMÉLIE, *courant après lui.*

Reste! reste! Quelle a été sa dernière parole?

HERMANN, *se retournant.*

Amélie!... (*Il sort.*)

AMÉLIE.

Amélie!... Non tu n'es point un imposteur. Il est donc vrai! il est vrai qu'il est mort ... mort!... *Elle chancelle presque évanouie, ie soupire en tombant.* Mort!... Charles est mort!

FRANÇOIS.

Que vois-je écrit sur cette épée?... là... écrit avec du sang!... Amélie?

AMÉLIE.

De son sang!...

FRANÇOIS.

Est-ce un rêve? Vois donc cette sanglante inscription : « François, n'abandonne point Amélie. » Vois donc, vois!... Et de l'autre côté : « Amélie, la mort toute-puissante a brisé tes serments. » Vois-tu, maintenant, vois-tu? Il a écrit ces mots d'une main mourante, il les a écrits avec le sang de son cœur, il les a écrits sur la solennelle limite de l'éternité.

AMÉLIE.

Dieu saint! Dieu! c'est sa main... Il ne m'a jamais aimée! *Elle sort.*

FRANÇOIS, *frappant du pied.*

Malédiction ! tout mon art échoue contre
cette tête de fer.

LE COMTE.

Malheureux vieillard !... Ne m'abandonne pas,
ma fille... François, François, rends-moi mon
fils

FRANÇOIS.

Qui lui a donné la malédiction ? Qui a précipité ton fils dans l'horreur des combats,
dans la mort, dans le désespoir ?... Oh ! c'était
une âme d'élite, un digne jeune homme..
Malédiction sur ses bourreaux !

LE COMTE, *se frappant à grands coups le front et
la poitrine.*

Malédiction, malédiction, damnation ! Malédiction sur le père qui a assassiné son noble
fils ! Et c'est moi qu'il a aimé jusque dans la
mort ! C'est pour me venger qu'il s'est jeté
dans les combats, qu'il a couru à la mort. Je
suis un monstre ! un monstre !

FRANÇOIS.

Il n'est plus. A quoi bon vos plaintes tardi-
ves ! *(Avec un sourire ironique.)* Il est plus facile
d'ôter la vie à un homme que de le ressusciter.

LE COMTE.

Et c'est toi qui as arraché à ma colère la
malédiction paternelle ! oui, toi ! Rends-moi
mon fils

FRANÇOIS.

N'excitez pas ma fureur. Je vous abandonne dans la mort...

LE COMTE.

Monstre infâme! monstre infâme! Rends-moi mon fils! *Il se lève et veut saisir à la gorge François, qui s'enfuit.*)

SCÈNE VI

LE COMTE DE MOOR, *seul.*

Que mille malédictions te poursuivent comme le tonnerre! Tu as volé mon fils dans mes bras. *Il tombe épuisé.*) Oh, oh, oh! désespéré!... et ne point mourir... Ils fuient, ils m'abandonnent dans la mort... Mon bon ange s'est enfui, les anges tutélaires s'éloignent de l'assassin aux cheveux blancs... Oh, oh! personne ne viendra-t-il, par pitié, soutenir ma tête, personne ne veut-il délivrer mon âme? Point de fils, point de fille, point d'amis!... Des hommes, seulement des hommes!... Personne ne veut... Seul, abandonné, désespéré, et ne point mourir. *Il soupire et s'évanouit.*)

AMÉLIE, *entrant silencieusement, l'aperçoit et jette un cri.*

Mort! tout est mort! *Elle sort désespérée.*)

SCÈNE VII

Les forêts de la Bohème.

RAZMANN, SPIEGELBERG, *arrivant chacun d'un côté différent*: TROUPE DE BRIGANDS.

RAZMANN.

Sois le bien venu, camarade de guerre, sois le bien venu dans les forêts de Bohème. (*Ils s'embrassent.*) Dans quel coin du monde la tempête t'avait-elle jeté? Quel vent t'amène, mon camarade?

SPIEGELBERG.

J'arrive tout bouillant de la foire de Leipzig. Il faisait bon là. Demande à Schufferle. Il m'a chargé de te féliciter cordialement au sujet de ton heureux retour... Il a joint en chemin la grande bande de votre capitaine. (*S'asseyant à terre.*) Et comment avez-vous vécu depuis votre départ? Comment va le métier?... Oh! je pourrais vous raconter de nos tours, à te faire oublier le boire et le manger jusqu'à demain matin.

RAZMANN.

Je le crois, je le crois. Tu as fait parler de toi dans les journaux. Mais où diable as-tu ramassé tous ces bandits? Grêle et tempête! tu nous en amènes un petit bataillon, tu es un excellent recruteur!

SPIEGELBERG.

N'est-ce pas? Et ce sont là des gens adroits. Accroche ton chapeau au soleil, je parie qu'ils

le volent et que de tous les habitants de la
terre pas un seul ne s'en apercevra.

RAZMANN, *riant.*

Avec ces braves compagnons, tu seras bien
accueilli du capitaine... Il a aussi engagé des
gens solides;

SPIEGELBERG, *avec humeur.*

Tais-toi donc, avec ton capitaine... Et les
miens, en comparaison!... Peuh!

RAZMANN.

Eh bien! soit. Ils peuvent avoir des doigts
bien exercés... mais je te dis que la réputa-
t.on de notre capitaine a déja tenté d'honnêtes
gens.

SPIEGELBERG.

Ta.. pis.

SCÈNE VIII

GRIMM, *accourant à pas précipités;*
LES PRÉCÉDENTS

RAZMANN.

Qui vive? Qu'y a-t-il là? Des voyageurs
dans la forêt ?

GRIMM.

Allons, allons, ou sont les autres? Mille
sapermente! vous restez là, vous autres, à
bavarder? Vous ne savez donc pas... Vous ne
savez donc rien?... Et Roller...

RAZMANN.

Quoi donc? quoi donc?

GRIMM.

Roller est pendu, et quatre autres avec lui.

RAZMANN.

Quoi! Roller! Depuis quand?... d'où le sais-
tu?

GRIMM.

Depuis trois semaines il était au cachot,
nous n'en savions rien. Il a été interrogé trois
fois, et nous n'en savions rien. On lui a donné
la question extraordinaire pour qu'il dénonçât
son capitaine... Ce brave garçon n'a rien
avoué; hier, on lui a lu sa sentence, et ce matin
il est allé en poste rejoindre le diable.

RAZMANN.

Malédiction! Le capitaine le sait-il?

GRIMM.

Il ne l'a su que d'hier. Il écume de rage
comme un sanglier. Tu sais qu'il a toujours
fait le plus grand cas de Roller... et la torture
encore qu'on lui a fait subir!... Nous avons
porté, pour le sauver de sa prison, échelles et
cordes; en vain même le capitaine, déguisé
en capucin, est entré dans la prison; il a
voulu changer avec lui d'habits. Roller a toujours refusé. A présent le capitaine a juré...
un serment qui nous a tous glacés d'effroi!
« Je lui allumerai une torche funèbre si effrayante, que jamais roi n'aura eu de si horri-

bles funérailles : je les brûlerai tout vivants. »
J'ai peur pour la ville. Depuis longtemps il a
une dent contre elle, parce qu'il y a trop de
bigots, et tu sais que lorsqu'il a dit : « Je veux
le faire ! » c'est comme si nous autres nous
l'avions déjà fait.

RAZMANN.

Mais, mon Dieu, ce pauvre Roller ! le pauvre
Roller !

SPIEGELBERG.

Memento mori, il faut mourir, frère ; mais tout
cela ne me fait rien. (*Il chante sur un air à
boire :*)

Suis-je auprès d'une potence ?
Je ne ferme que l'œil droit,
Et je dis : Pends-y tout seul.
Le plus sot de nous deux, ce n'est pas moi.

RAZMANN, *se levant en sursaut.*

Paix ! un coup de fusil ! *On entend au loin
un grand tumulte et des coups de fusil de tous
côtés.*)

SPIEGELBERG.

Encore un autre !

RAZMANN.

Encore ! c'est le capitaine. (*On entend chanter
au loin avec des transports de joie.*)

Les Nurembergeois ne pendent personne
Avant de les avoir pris.

(*On entend les voix de Schweizer et Roller.*)

Holà ! oh ! holà ! oh !

RAZMANN.

C'est Roller! c'est Roller! que mille diables m'emportent!

LES VOIX DE SCHWEIZER ET ROLLER.

Razmann, Grimm, Spiegelberg, Razmann.

RAZMANN.

Roller, Schweizer! Eclairs, tonnerre, grêle et tempête! *Ils courent au devant d'eux.)*

SCÈNE IX

CHARLES MOOR, *à cheval*, ROLLER, SCHWEI-ZER, SCHUFTERLE, BANDE DE BRIGANDS COUVERTS DE POUSSIÈRE ET DE BOUE.

MOOR, *sautant à bas de son cheval.*

Liberté! liberté! Te voilà sauvé, Roller... Emmenez mon cheval et lavez-le avec du vin. *(Il s'assied à terre.)* Il y faisait chaud.

ROZMANN, *à Roller.*

Par la forge de Pluton! tu es donc sorti vivant de la roue?

SPIEGELBERG.

Es-tu son ombre, ou suis-je fou? es-tu Roller en chair et en os?

ROLLER, *haletant.*

C'est moi-même tout vivant, Roller tout entier. D'où crois-tu que je vienne?

GRIMM.

Demande à la sorcière. Ta sentence n'était
elle pas déjà prononcée?

ROLLER.

Oui vraiment, il y avait bien encore quelque
chose de plus. Je viens tout droit du gibet.
Laisse-moi d'abord respirer. Schweizer te ra-
contera... Donnez-moi un verre d'eau-de-vie!...
Et toi aussi, Maurice, te voilà de retour? Je
croyais bien te revoir ailleurs?... Donnez-moi
donc un verre d'eau-de-vie! Mes os se dé-
tachent. O mon capitaine! ou est mon capitaine?

RAZMANN.

Tout à l'heure, tout à l'heure! Mais dis donc,
parle donc. Comment t'es-tu échappé? comment nous es-tu rendu? La tête me tourne.
Tu viens du gibet, dis-tu?

ROLLER, *après avoir avalé un grand verre d'eau-
de-vie.*

Ah! c'est bon, ça brûle!... Tout droit du gibet. Vous êtes là ébahis, vous ouvrez une
large mâchoire, vous ne pouvez pas vous imaginer... Je n'étais qu'à trois pas des sacrés
échelons par ou j'allais monter dans le sein
d'Abraham, si près, si près!... Tu aurais eu
ma vie pour une prise de tabac. Et c'est à mon
capitaine que je dois l'air, la liberté, la vie!

SCHWEIZER.

Ah! l'histoire est drôle, par ma foi! Nous
apprenons la veille, par nos espions, que Roller

en avait jusque par-dessus la tête, et que si le
ciel ne se hâtait de crouler demain, — c'est-à-
dire aujourd'hui, — il serait forcé de prendre la
route universelle (1). « Allons! dit le capitaine,
que ne risque pas un ami? Ou nous le sauve-
rons, ou nous ne pourrons pas le sauver; ce
que je promets bien, c'est que plus d'un fera
avec lui le grand voyage. » Toute la bande
reçoit ses ordres. Nous lui dépêchons un cour-
rier qui lui fait savoir nos projets en lui jetant
un billet dans sa soupe.

ROLLER.

Je désespérais du succès.

SCHWEIZER.

Nous guettions le moment où toutes les
rues seraient désertes. Toute la ville était au
grand spectacle : cavaliers, fantassins, car-
rosses, tout pêle-mêle. Le tumulte et le can-
tique de la potence retentissaient déjà dans
les airs. « A présent, dit le capitaine, mettez
le feu. » Nos gens partent comme des flèches;
le feu est à la ville dans cinquante endroits
différents; on jette des mèches enflammées
près du magasin à poudre, dans les églises,
dans les granges... Morbleu! Il n'y avait pas
encore un petit quart-d'heure, que le vent du
nord, qui sans doute a aussi une dent contre
la ville, nous favorise et fait merveille; la
flamme tourbillonnante s'élance jusqu'aux plus
hautes maisons, et nous autres, nous allons

(1) *Den Weg alles Fleisches gehen müssen* (faire le
chemin de toute chair).

hurlant par les rues, comme des furies : *Au feu! au feu!* et nous traversons toute la ville. Des cris, des cris de rage et de désespoir... puis un bruit terrible qui glace tous les cœurs. Le tocsin sonne, la poudrière saute... On eût dit que le globe venait de se fendre jusque dans son centre, que le ciel s'en était détaché et que l'enfer en était baissé de dix mille toises.

ROLLER.

Et mon cortége alors regarde en arrière.., La ville ressemblait à Sodome et Gomorrhe. tout l'horizon n'était que feu, soufre et fumée : quarante montagnes épouvantées renvoyaient dans la ville les grondements de la foudre et le bruit des hurlements de ces démons déchaînés ; une terreur panique les renverse tous, mes fers étaient ôtés, tant j'étais près de la mort ; leur trouble me rend a moi-même, je me recueille, et, leste comme le vent... je suis loin de mes guides maudits, et cela si vite, qu'ils restent pétrifiés comme la femme de Loth... La foule était rompue, je m'y perds, je leur échappe ; déchirant mes habits, je me plonge dans la rivière, je nage entre deux eaux pour que pas un être ne me découvre ; mon capitaine était déja sur le rivage avec des chevaux et des habits.... Voilà... voilà..., et me voila Moor, Moor, puisses-tu bientôt tomber entre leurs mains, pour qu'à mon tour je te rende pareil service.

RAZMANN.

Souhait stupide de bête féroce, pour le-

quel on devrait te pendre... Mais après tout,
bonne histoire ! C'est un tour à crever de rire,

ROLLER.

C'était là du secours dans le besoin ! Vous
ne pouvez pas l'apprécier !... Il vous aurait
fallu, la corde au cou... marcher tout vivant au
tombeau, comme moi... et ces apprêts de démons, de bourreaux, et, à chaque pas fait d'un
pied tremblant, voir, d'une vue plus présente
et plus horrible, l'affreuse potence où j'allais
monter, éclairé par l'effroyable soleil levant
qui préside chez nous aux exécutions; et la
voix des bourreaux, et l'abominable musique:
je l'entends encore retentir à mes oreille... Et
les croassements des corbeaux voraces qui
s'envolaient... une trentaine au moins... du
cadavre à moitié pourri de mon prédéces-
seur... Et tout cela, et par-dessus tout, les
démons que j'entendais déjà se réjouir de mon
arrivée... Non, pour tous les trésors de Mam-
mon, je ne voudrais pas y passer une seconde
fois. Mourir est quelque chose de plus qu'une
cabriole d'arlequin, et les angoisses de la mort
sont plus affreuses que la mort.

SPIEGELBERG.

Et la poudrière qui dansait !... Voilà donc
pourquoi on sentait le soufre à quelques lieues
à la ronde, comme si les diables eussent mis
à l'air toute la garde-robe de Moloch.

SCHWEIZER.

Si la ville se faisait une fête de voir dépecer
notre camarade comme un cochon engraissé,

pourquoi diable devions-nous nous faire un scrupule de mettre la ville à sac pour sauver notre camarade ? Ne sais-tu pas, Schufterle, combien il y a eu de morts ?

SCHUFTERLE.

On dit quatre-vingt-trois. La poudrière seule en a écrasé soixante.

MOOR, d'un air sérieux.

Roller, tu as coûté cher !

SCHUFTERLE.

Bah ! que sont ces morts-là ?... A la bonne heure, si l'on eût tué des hommes... C'étaient des enfants au maillot, des marmots qui doraient leurs couchettes ; de vieilles racornies qui en chassaient les mouches, et des squelettes desséchés qui n'avaient pas assez de vie pour gagner la porte. Tout ce qu'il y avait de jambes agiles était accouru à la comédie, et il n'y avait plus que les infirmes pour garder les maisons.

MOOR.

Oh ! les pauvres malheureux ! Des vieillards, dis-tu, des malades et des enfants ?

SCHUFTERLE.

Oui, par le diable! Et des femmes en couches, ou en passe d'avortement sous le gibet. En passant par hasard près d'une de ces baraques, j'entends des lamentations, j'y jette les yeux, et je vois que c'était un enfant par terre, sous la table, où le feu allait prendre... « Pauvre petit, ai-je dit, tu meurs ici de froid, va te chauffer, » et je l'ai jeté dans le feu.

MOOR.

Serait-il vrai, Schufterle ? Que cette flamme
dévore tes entrailles jusqu'au jour de l'éternité !

Loin d'ici, monstre ! qu'on ne te voie jamais
dans ma troupe ! *Il s'élève un murmure*. Vous
murmurez, vous raisonnez ; qui ose murmurer
quand j'ordonne ?... Loin d'ici, te dis-je... Il y
en a d'autres parmi vous qui sont mûrs pour
ma colère... Je te connais, Spiegelberg ; mais
je ne tarderai pas à vous rassembler, et faire
une revue qui vous fera frémir. (*Ils sortent en
tremblant.*)

SCÈNE X

MOOR, *seul, se promenant avec agitation.*

Ne les écoute pas, vengeur céleste !... Est-
ce ma faute, est-ce ma faute si ta peste, ta di-
sette et tes fleuves débordés dévorent à la
fois les justes et les scélérats ? Qui peut commander à la flamme de ne détruire que les
insectes, sans ravager les moissons bénies ?...
L'enfant est là, honteux et bafoué ; il osait
toucher à la foudre de Jupiter, et il renverse
des Pygmées au lieu d'écraser des Titans...,
Va, va, ce n'est pas à toi de t'armer du glaive vengeur du Tout-Puissant ; vois ton coup
d'essai... je renonce à mon téméraire projet,
je vais me cacher dans quelque caverne où
l'œil du jour n'éclairera point ma honte. (*Il va
pour s'enfuir*).

SCÈNE XI

ROLLER, MOOR.

ROLLER, *hors d'haleine.*

Prends garde à toi, capitaine! Il y a des revenants dans cette forêt; des troupes de cavaliers nous entourent... Il faut que l'infernal Bas-Bleu nous ait trahis.

SCÈNE XII

GRIMM, LES PRÉCÉDENTS.

GRIMM.

Capitaine! capitaine! ils ont découvert nos traces, des escadrons de soldats cernent le milieu de la forêt.

SCÈNE XIII

SPIEGELBERG, LES PRÉCÉDENTS.

SPIEGELBERG.

Ah! mille démons! nous sommes pris, rompus, écartelés; des milliers de hussards, de dragons, de chasseurs s'avancent au galop vers les hauteurs, et tous nos passages sont assiégés *(Moor s'éloigne.)*

SCÈNE XIV

SCHWEIZER, RAZMANN, SCHUFTERLE, TROUPE DE BRIGANDS *entrant de tous côtés;* LES PRÉCÉDENTS: ROLLER, GRIMM et SPIEGELBERG.

SCHWEIZER.

Ah! nous les avons donc arrachés de leurs

lits? Réjouis-toi donc, Roller! Il y a longtemps
que j'ai souhaité de me battre avec des cavaliers de pain-de-munition... Où est le capitaine? Toute la bande est-elle rassemblée? Nous
ne manquons pas de poudre, j'espère.

ROLLER.

Nous avons assez de poudre; mais nous
sommes en tout quatre-vingts, et c'est à
peine un contre vingt.

SCHWEIZER.

Tant mieux ! ils risquent leur vie pour dix
kreutzers ; et nous, ne combattons-nous pas
pour la vie et pour la liberté?... Nous tombe-
rons sur eux comme le déluge. nous les frap-
perons comme la foudre... Où diable est donc
le capitaine ?

SPIEGELBERG.

Il nous abandonne dans le danger!... N'y a-
t-il donc plus moyen de leur échapper ?

SCHWEIZER.

Echapper? Je voudrais te voir étouffer dans
la boue, misérable poltron ! Tu ouvres toujours une large mâchoire ; et quand tu entends
un coup de fusil... Lâche, montre-toi a présent
a la tête, ou tu vas être cousu vivant dans
une peau de sanglier, et dévoré par les chiens.

RAZMANN.

Le Capitaine ! le Capitaine !

SCÈNE XV

MOOR, *entrant lentement*, LES PRÉCÉDENTS.

MOOR, *à part*.

Je les ai fait tous bien envelopper, il faut à présent qu'ils se battent en désespérés. *(Haut.)* Mes enfants, choisissez, nous sommes perdus, ou il faut combattre comme des sangliers blessés.

SCHWEIZER.

Ha ! je leur ouvrirai le ventre avec mon couteau de chasse. Conduis-nous sur eux, Capitaine ! Nous te suivrons jusque dans la gueule de la mort.

MOOR.

Chargez tous les fusils. Vous avez assez de poudre ?

SCHWEIZER, *se levant en sursaut*.

Assez de poudre pour faire sauter la terre jusqu'à la lune.

RAZMANN.

Nous avons déjà tous cinq paires de pistolets chargés, et encore trois arquebuses carabinées.

MOOR.

A merveille ! une partie de la bande montera sur les arbres, ou se cachera dans les taillis, et fera feu sur eux en embuscade.

SCHWEIZER.

C'est là ton poste, Spiegelberg.

MOOR.

Nous autres, tombons sur leurs flancs comme des furies.

SCHWEIZER.

J'en suis, moi, j'en suis !

MOOR.

Il faut en même temps que chacun de nous fasse retentir son sifflet, et galoppe dans la forêt, pour que notre nombre paraisse plus terrible. Détachez tous nos chiens, qu'on les excite, et qu'ils s'élancent dans leurs rangs, qu'ils y jettent le désordre, et les fassent tomber sous votre feu. Roller, Schweizer et moi, nous trois, nous combattrons là où l'ennemi sera le plus fort.

SCÈNE XVI

UN MOINE, LES PRÉCÉDENTS.

GRIMM.

Ha ! voici déjà un chien de la justice qui s'avance.

SCHWEIZER.

Tuez-le tout de suite, et qu'il ne parle pas.

MOOR.

Paix ! Je veux l'entendre.

LE MOINE.

Avec votre permission, Messieurs. Humble serviteur de l'église, je suis chargé de toute la puissance de la justice, et là, aux environs,

huit cents soldats veillent sur tous les cheveux
de ma tête.

SCHWEIZER.

Parfait! une clause touchante pour se con-
server chez nous l'estomac chaud.

MOOR.

Tais-toi, camarade. En deux mots, père, dites-moi : Qu'y a-t-il pour vous servir?

LE MOINE.

Je suis l'envoyé du magistrat qui prononce
sur la vie et sur la mort. Un mot à toi,... deux
à la bande.

MOOR, *appuyé sur son épée.*

Par exemple...

LE MOINE.

Homme abominable! le noble sang du comte de l'Empire, assassiné, n'est-il pas encore
collé à tes doigts maudits? N'as-tu pas porté
sur le sanctuaire du Seigneur des mains sa-
crilèges, et enlevé, brigand, nos vases sacrés?
N'as-tu pas jeté des tisons enflammés dans
notre ville pieuse, et fait crouler le magasin à
poudre sur la tête des bons chrétiens? (*Les
mains jointes.* Abominables, abominables horreurs, dont l'odeur impure s'élève jusqu'au
ciel, hâtez le dernier jugement qui s'avance
pour te payer de tes forfaits, toi, depuis longtemps déjà mûr pour sa justice éternelle.

MOOR.

C'est un chef-d'œuvre d'éloquence jusqu'ici;

mais au fait, qu'avez-vous à m'apprendre de
la part du respectable magistrat?

LE MOINE.

Une grâce, que tu ne seras jamais digne
de recevoir... Regarde, incendiaire, aussi loin
que ton œil peut s'étendre, tu te verras cerné
par nos cavaliers... Il n'y a point de fuite à
espérer, vous vous sauverez sains et saufs
quand ces chênes et ces sapins porteront des
cerises et des pêches.

MOOR.

L'entendez-vous, Schweizer et oller?....
Mais continuez.

LE MOINE.

Ecoute donc avec quelle bonté, avec quelle
patience les juges te traitent, scélérat. Si tu
te soumets sans retard, si tu implores ta grâce, alors la sévérité même se changera en miséricorde, la justice ne sera plus qu'une mère
aimante, elle fermera les yeux sur la moitié
de tes crimes, et s'en tiendra, penses-y bien,
au supplice de la roue.

SCHWEIZER.

L'as-tu entendu, capitaine? Faut-il aller
couper la gorge à ce chien-là, et que son sang
jaillisse de tous ses membres déchirés (1)?

ROLLER.

Capitaine!... ouragan!... tempête et enfer ..

(1) Il y a dans le texte : *Der rothe Saft aus allen
Schweisslœchern sprudelt* (pour que le jus rouge
sorte par tous ses pores).

Capitaine!.. comme il mord sa lèvre inférieu
re! faut-il que je dresse ce drôle, la tête en
bas, comme une quille?

SCHWEIZER.

A moi! laisse-moi le broyer comme de la
bouillie.

MOOR.

Ne l'approchez pas ; que personne n'ose le
toucher... (*Au moine*). Voyez, mon père, voici
soixante-dix-neuf hommes dont je suis le capitaine; pas un d'eux ne sait obéir à un si-
gnal ni à un commandement, ni danser à la
musique du canon; et là, pour nous combattre, il y en a huit cents qui ont blanchi sous
les armes... Mais, écoutez à présent,... voilà
comment parle Moor, lecapitaine des Incendiai-
res. Il est vrai, j'ai assassiné le comte de l'Empire, j'ai incendié et pillé l'église des Domini-
cains, j'ai jeté des brandons de feu dans votre
ville bigote, et j'ai renversé le magasin à poudre sur la tête de vos bons chrétiens; mais ce
n'est pas tout, j'ai fait plus encore (*il étend sa
main droite*: regardez ces quatre bagues précieuses que je porte à cette main... Ce rubis,
je l'ai tiré du doigt d'un ministre que j'ai ter-
rassé à la chasse aux pieds de son prince. Par
ses viles flatteries, il s'était élancé des bas-
fonds de la populace jusqu'au rang de premier
favori; il s'était élevé sur les ruines de son
voisin, et des torrents de larmes, de larmes
d'orphelins, l'avaient mené jusqu'au pied du
trône. Ce diamant, je l'ai ôté à un financier de
la cour, qui vendait au plus offrant des charges importantes, des honneurs dus à de longs

services, et qui repoussait du seuil de sa porte
le patriote attristé. Je porte cette agathe en
l'honneur d'un moine de ton espèce, que j'ai
étranglé de ma propre main, après l'avoir entendu pleurer en chaire la décadence de l'In-
quisition... Je pourrais te faire encore plus au
long l'histoire de mes bagues, si je ne m'étais
déjà repenti d'avoir parlé à qui n'est pas digne de m'entendre.

LE MOINE.

Se peut-il qu'un scélérat soit encore si
fier !

MOOR.

Ce n'est pas tout encore... C'est maintenant
que je puis te parler avec orgueil. Va-t'en !
dis à ce respectable tribunal, qui jette les dés
sur la vie et la mort des hommes, que je ne
suis point un voleur qui conspire avec le soleil et la nuit, et qui sait le grand art d'esca-
lader les murs à la faveur des ténèbres... Ce
que j'ai fait sera gravé au livre sur lequel sont
écrites toutes les actions humaines ; mais avec
ces misérables ministres qui se croient le
droit de se substituer à la justice céleste, je
ne veux plus perdre mes paroles. Dis-leur que
mon métier est d'appliquer la loi du talion,
que la vengeance est mon métier! (*Il lui
tourne le dos avec mépris*.

LE MOINE.

Tu ne veux donc pas qu'on t'épargne, qu'on
te pardonne?... C'est bien! j'en ai donc fini
avec toi. (*Se tournant vers la troupe*) Écoutez,
vous autres, ce que la justice me charge de

vous annoncer... Si vous livrez sur-le-champ
ce malfaiteur condamné, on vous remet jusqu'au souvenir de vos crimes... La sainte
Église vous recevra dans son sein maternel
comme la brebis égarée, et on vous ouvre à
tous la carrière pour obtenir des places hono-
rables. Lisez vous-mêmes, voici votre grâce! la
voilà signée! (*Avec un sourire de triomphe, il
donne l'arrêt du pardon à Schweizer.*) Eh bien!
eh bien! Comment Votre Majesté trouve-t-elle
cela?.. Courage donc, lisez-le, et soyez libres.

MOOR.

L'entendez-vous aussi? l'entendez-vous?
pourquoi vous étonner? pourquoi rester là
embarrassés? La justice vous offre la liberté,
et déjà vous êtes réellement ses prisonniers...
Elle vous fait grâce de la vie, et ce n'est
point une fanfaronnade, car, sur ma foi, vous
êtes jugés.. Elle promet honneurs et charges,
et quel peut être votre partage, quand vous
seriez vainqueurs, sinon malédiction, ignominie et persécutions. Elle vous réconcilie
avec le ciel, et vous êtes vraiment damnés.
Vous tous, vous n'avez pas un cheveu qui
ne soit destiné aux enfers. Réfléchissez-vous,
raillez-vous encore? Choisissez-vous encore?
Est-il si pénible de choisir entre le ciel et
l'enfer? Aidez-moi donc, mon père. C'est moi
seul qu'ils veulent avoir; mes compagnons ne
comptent pas, ils ont été entraînés; leurs
fautes, folies de jeunesse! Donc ils sont in-
nocents. N'est-ce pas bien cela?

LE MOINE.

Comment s'appelle ce démon qui parle par

sa bouche? Oui, sans doute c'est la vérité. Cet homme m'a tout bouleversé.

MOOR.

Comment! Point de réponse encore? Croyez-vous que vos armes pourront vous rendre libres? Regardez donc autour de vous, regardez donc. Vous ne le pensez pas, certes, ou ce serait une espérance d'enfant... Vous flatteriez-vous peut-être de tomber en héros, parce que vous m'avez vu me réjouir du fracas horrible de la bataille que nous allions livrer?... Oh! ne le croyez pas! Vous n'êtes pas Moor... Vous êtes de malheureux bandits, misérables instruments de mes grands desseins, méprisables comme la corde entre les mains du bourreau... Des voleurs ne peuvent pas tomber comme tombent les héros... Les voleurs ont droit de trembler quand la mort s'approche. Entendez-vous les trompettes qui retentissent dans ces forêts? Voyez les éclairs sinistres de leurs sabres menaçants! Eh quoi! encore irrésolus? Avez-vous perdu toute raison? êtes-vous en délire?... Je ne vous remercie point pour ma vie, et j'ai honte de votre sacrifice. *On entend au loin le son des instruments guerriers.)*

LE MOINE, *étonné.*

J'en perdrais la raison et je m'enfuis. A-t-on jamais rien entendu de semblable?

MOOR.

Vous craignez peut-être que je ne me tue de mes mains, et que ne m'ayant pas livré vivant, votre pacte de trahison soit annulé?

Non, mes enfants, cette crainte est inutile. Je jette à vos pieds mon poignard, mes pistolets et ce poison, ce poison libérateur que je n'ai jamais quitté... Et vous êtes encore indécis? Vous croyez peut-être que je me défendrai quand vous viendrez pour me garrotter? Voyez !... j'attache ma main à cette branche de chêne, je suis sans défense, un enfant peut me renverser... Quel est le premier qui abandonne son capitaine dans le danger ?

ROLLER, *avec un geste féroce.*

Et quand l'enfer nous aurait entourés neuf fois *(il brandit son sabre autour de sa tête)*, quiconque n'est pas un chien enragé sauve son capitaine !

SCHWEIZER, *déchirant le pardon, et jetant les morceaux au nez du moine.*

La grâce est dans nos balles! Décampe, canaille. Dis au magistrat qui t'envoie que, dans la bande de Moor, tu n'as pas trouvé un traître... Va-t'en... Sauvez le capitaine! sauvez le capitaine !

TOUS, *avec de grands cris.*

Sauvez, sauvez, sauvez le capitaine !

MOOR, *détachant sa main avec force et avec des transports de joie.*

Oh! à présent, nous sommes libres! Camarades... je sens une armée dans ce poing-là... Mort ou liberté !... Ce qu'il y a de certain, c'est qu'ils n'en auront pas un seul vivant. *(On sonne l'attaque, un grand tumulte ; ils sortent en frappant la terre, et le sabre à la main.)*

ACTE TROISIÈME

SCÈNE PREMIÈRE

AMÉLIE, *pensive dans le jardin, puis* FRANÇOIS.
Ils sont tous deux en grand deuil.

FRANÇOIS.

Encore ici, petite tête exaltée ? Tu t'es dé-
robée à mes heureux convives, et tu as troublé leur joie.

AMÉLIE.

Troublé leur joie ! Les chants funèbres qui
ont accompagné ton père au tombeau doivent
retentir encore dans ton oreille.

FRANÇOIS.

Veux-tu donc éternellement larmoyer ?
Laisse les morts dormir, et rends les vivants
heureux. Je viens....

AMÉLIE.

Quand t'en iras-tu ?

FRANÇOIS.

Oh, que cette sombre fierté n'obscurcisse
point tes regards ! Tu m'affliges, Amélie. Je
viens te dire...

AMÉLIE.

Il faut bien que j'entende ; François de Moor
est aujourd'hui souverain maître.

FRANÇOIS

Justement ! voilà sur quoi je voulais te parler... Maximilien est descendu dormir au
tombeau de ses aïeux. Je suis le maître ; mais
je voudrais l'être tout a fait, Amélie... Tu sais
ce que tu étais dans notre maison. Tu as été
traitée comme la fille de Moor ; son amitié
pour toi survit même à sa mort. Je pense que
jamais tu ne l'oublieras ?

AMÉLIE.

Jamais, jamais ! Je ne suis pas assez insensible pour écarter un si doux souvenir par
des idées de fêtes et de festins.

FRANÇOIS.

Tu dois récompenser l'amour de mon père
dans ses fils : et Charles est mort... Tu t'éton-
nes, et ta tête semble tourner, n'est-ce pas ?...
Cette espérance est si flatteuse et si haute,
qu'elle surprend même l'orgueil d'une femme.
François foule aux pieds les vœux superbes
des plus nobles familles. François vient offrir
a une orpheline pauvre et sans appui son
cœur, sa main, tous ses trésors, ses châteaux
et ses forêts,... François, qu'ils envient, qu'ils
craignent, se déclare volontairement l'esclave
d'Amélie.

AMÉLIE.

Pourquoi la foudre ne fend-elle pas la lan-

gue scélérate qui a prononcé ces horreurs? Tu
as assassiné mon bien-aimé, et Amélie pourrait te nommer son épouse? Toi !...

FRANÇOIS.

Pas tant de violence, très-gracieuse prin-
cesse... Il est vrai que François ne peut ramper devant toi comme un Céladon roucoulant
ses amours. Il n'a point appris, comme les
languissants bergers d'Arcadie, à soupirer ses
plaintes amoureuses aux échos des forêts, des
antres et des rochers... François parle, et si
l'on ne veut pas répondre, François... commande.

AMÉLIE.

Ver impur, toi commander? Me commander
à moi?... Et si l'on méprise tes ordres?

FRANÇOIS.

Tu ne le feras pas. Je sais encore plier l'orgueil opiniâtre... Les murs d'un cloître...

AMÉLIE.

Je serais donc à l'abri de ton regard d'aspic,
et je pourrais enfin recueillir toute ma vie pour
aimer Charles. Que ton cloître me semble
doux! Viens donc me séparer de toi pour
l'éternité.

FRANÇOIS.

Ha! ha! à merveille !... Prends garde. Tu
viens de m'enseigner l'art de te désespérer.
Ma tête hérissée de serpents et de flammes,
comme une furie armée de fouets vengeurs,
chassera ton Charles de ta pensée. Comme un

dragon enchanté, couché sur un trésor, l'horrible image de François sera toujours entre toi et le souvenir de ton bien-aimé... Je te traînerai par les cheveux jusqu'aux autels, je lèverai sur toi mon poignard, et de ton âme épouvantée je ferai sortir le serment nuptial.

AMÉLIE, *lui donnant un soufflet.*

Prends d'abord ceci pour dot.

FRANÇOIS, *irrité.*

Ah ! comme j'en serai vengé dix fois, et encore dix fois... Non, tu ne seras pas mon épouse... Tu n'auras point cet honneur!... Tu ne seras que ma concubine, et les honnêtes villageoises te montreront au doigt, quand tu seras assez hardie pour traverser la rue. Grince des dents ! que ton œil s'allume de tous les éclairs de la vengeance. (1) La fureur d'une femme me ravit ; elle en devient plus belle, plus désirable. Viens,... cette résistance ornera mon triomphe, ces jouissances arrachées à la beauté sont plus délicieuses... Viens à l'autel, je veux que tu me suives à l'instant. (*Il veut l'entraîner.*) Oui, je le veux, il le faut.

AMÉLIE, *se jetant à son cou.*

Pardonne-moi, François. *Lorsqu'il veut l'embrasser, elle lui arrache son épée et fait un bond en arrière.* Vois-tu, scélérat, ce qu'à présent je pourrais faire de toi ?... Je suis femme ; mais une femme dans sa fureur... Ose donc ;

(1) *Spete Feuer und Mord aus den Augen.* (Crache feu et meurtre par les yeux.)

et ce fer... Et la main [de mon oncle conduira la mienne pour l'enfoncer dans ton sein. Puis sur le champ. (*Elle le chasse.*)

AMÉLIE, *seule*.

Ah! je puis donc respirer en liberté. Je me sentais forte comme le cheval écumant de rage, furieuse comme la tigresse à laquelle un lion a ravi ses petits, et qui rugit sa victoire. Dans un cloître, a-t-il dit?... Je te remercie, ô ciel, de lui avoir inspiré cette heureuse pensée... L'amour trompé a donc trouvé son asile... Le cloître, voilà le refuge de l'amour trompé.

SCÈNE II

Les environs du Danube.

Les brigands sont campés sur une hauteur, sous des arbres, les chevaux paissent sur le penchant de la colline.

MOOR, LES BRIGANDS.

MOOR.

Il faut que je me couche ici (*il se jette à terre*), mes membres sont brisés, ma langue est sèche comme un morceau de brique... Je vous aurais prié de m'aller chercher à cette rivière un peu d'eau dans votre main, mais vous êtes tous mortellement fatigués. (*Pendant que Moor achève ces paroles, Schweizer s'est éloigné sans qu'on s'en soit aperçu pour aller lui chercher de l'eau.*)

GRIMM.

Et il y a longtemps qu'il n'y a plus de vin

dans les outres... Comme le soleil se couche là-bas majestueusement !

MOOR, *perdu dans la contemplation du soleil couchant.*

C'est ainsi qu'un héros meurt, digne d'adoration !

GRIMM.

Tu parais bien ému.

MOOR.

Dans ma jeunesse, c'était ma pensée favorite de vivre comme lui *(regardant toujours le soleil couchant)*, de mourir comme lui *(avec une douleur concentrée)* C'était une pensée de jeune homme.

GRIMM.

Je le crois.

MOOR, *abaissant son chapeau sur ses yeux.*

Il fut un temps... Laissez-moi seul, mes camarades.

GRIMM.

Moor ! Moor ! que diantre a-t-il ? Comme il change de couleur !

RAZMANN.

Mille diables ! qu'a-t-il donc ! se trouve-t-il mal ?

MOOR.

Il fut un temps où je ne pouvais dormir quand j'avais oublié ma prière avant de me coucher.

GRIMM.

Es-tu en délire? veux-tu te laisser gouverner, comme par un précepteur, par les années de ta jeunesse?

MOOR, *posant sa tête sur la poitrine de Grimm.*

Camarade, camarade!

GRIMM.

Allons donc! ne sois donc pas un enfant, je t'en prie.

MOOR.

Ah, si je l'étais!... si je le redevenais encore!

GRIMM.

Fi donc, fi donc. Ranime-toi, Moor... Regarde ce passage pittoresque... cette belle soirée.

MOOR.

Oui, mes amis, ce monde est si beau...

GRIMM.

Eh bien! cela s'appelle parler.

MOOR.

Cette terre si magnifique...

GRIMM.

Bien, très-bien!... J'aime cela, au moins.

MOOR.

Et moi si affreux, dans ce monde si beau!... et moi, un monstre sur cette terre magnifique! *(Il retombe en arrière.)* L'enfant prodigue *

GRIMM, *avec attendrissement.*

Moor ! Moor !

MOOR.

Mon innocence ! mon innocence !... Voyez,
tout est sorti pour se réchauffer aux doux
rayons du printemps... Pourquoi faut-il que,
dans cet air si pur, si frais pour eux, je respire
tous les feux de l'enfer (1)? Lorsque tout est
si heureux !... Quand la bienfaisante paix les
a tous réunis... Le monde entier, une famille,
et un père la-haut .. qui n'est pas mon père !
Moi seul exclu, l'enfant prodigue !... Moi seul
rejeté du partage des élus... *se reculant avec
fureur)* entouré d'assassins, de reptiles impurs... attaché au crime avec des chaînes de
fer.

RAZMANN, *aux autres.*

C'est inconcevable ! je ne l'ai jamais vu
comme cela.

MOOR, *avec attendrissement.*

Ah! s'il m'était possible de rentrer dans le
sein de ma mère : si je pouvais être né mendiant ! Non! je n'en voudrais pas davantage,
ô ciel !... Si je pouvais devenir comme un de
ces journaliers !... Oh ! à force de travailler,
je voudrais connaître la fatigue... Le sang
tomberait de mon front à grosse gouttes....
pour m'acheter les délices d'un instant de

(1) *Warum ich allein die Hœlle sangen aus den
Freuden des Rhamels* pourquoi faut-il que moi seul
je suce l'enfer dans les joies du ciel.)

sommeil à midi... la volupté d'une seule larme !

GRIMM, aux autres.

Un peu de patience, la crise commence déjà
à diminuer.

MOOR.

Il fut un temps où elles coulaient si volontiers !... O jours de la paix !... O château de
mon père.... ô belle verdure, ô vallées faites
pour l'enthousiasme ! Scènes célestes de mon
enfance !... ne reviendrez-vous jamais ?... Ne
rafraîchirez-vous jamais mon sein brûlant par
un souffle délicieux ?... Nature, porte avec
moi le deuil ! Elles ne reviendront jamais,
elles ne rafraîchiront jamais mon sein de leur
souffle bienfaisant ; elles sont passées, passées !.... pour toujours !

SCÈNE III

LES PRECÉDENTS, SCHWEIZER, avec son
chapeau plein d'eau.

SCHWEIZER.

Bois, capitaine. Voici assez d'eau, fraîche
comme la glace.

GRIMM.

Tu saignes. Qu'as-tu donc fait ?

SCHWEIZER.

Une plaisanterie imbécile, qui a manqué me
coûter deux jambes et une tête. Je m'en allais

trottant le long du rivage sur le penchant de
la colline; c'est tout sable par ici, tout se dé-
tache; je fais un saut de vingt pieds, et m'y
voilà; comme je cherchais à remettre mes
sens en ordre, je me trouve sur le gravier, je
vois l'eau la plus claire. Pour cette fois, ai-je
dit, ma danse est récompensée; le capitaine
trouvera l'eau excellente.

MOOR *lui rend le chapeau et lui essuie le visage.*

On ne verrait pas les découpures que les
cavaliers bohémiens ont faites sur ton front...
Ton eau était bonne, Schweizer... Ces coups
de sabre te vont bien!

SCHWEIZER.

Bah!... il y a encore de la place pour trente
autres.

MOOR.

Oui, mes enfants... c'était une chaude journée; et qu'un ami de perdu: mon Roller est
mort d'une belle mort. Où il est tombé, on lui
aurait élevé un monument éternel s'il n'était
pas mort pour moi. Contentez-vous de ça *il
essuie une larme en soupirant.* Vous rappelez-
vous combien d'ennemis sont restés sur la
place?

SCHWEIZER.

Soixante hussards, quatre-vingt-treize dragons, quarante chasseurs; en tout, près de
deux cents.

MOOR.

Deux cents pour un!... Chacun de vous

des droits sur cette tête! (*Otant son chapeau et mettant son poignard sur son front,*) je lève mon poignard, et aussi vrai que j'ai une âme, je ne vous abandonnerai jamais.

SCHWEIZER.

Ne jure pas, tu ne sais pas : si un jour tu redevenais heureux, le repentir peut-être...

MOOR.

Par les restes de mon Roller, je ne vous abandonnerai jamais!

SCÈNE IV

KOSINSKY, LES PRÉCÉDENTS.

KOSINSKY, *à part.*

Dans ces environs, ont-ils dit, je le rencontrerai... Hé, hola! quels sont ces visages?... Serait-ce?... Comment, si ceux-là... Ce sont eux-mêmes!... je vais leur parler.

GRIMM.

Prenez garde à vous. Qui va là?

KOSINSKY.

Pardon, messieurs, je ne sais si je m'adresse bien ou mal.

MOOR.

Et qui faut-il être pour que vous sachiez si vous avez raison?

KOSINSKY.

Des hommes.

SCHILLER

SCHWEIZER.

L'avons-nous prouvé, capitaine ?

KOSINSKY.

Je cherche des hommes qui regardent la mort en face et qui laissent le danger jouer autour d'eux comme un serpent apprivoisé, qui estiment plus la liberté que la vie e l'honneur; dont le nom seul console le pauvre et l'opprimé. rende les plus courageux lâches, et fasse pâlir les tyrans.

SCHWEIZER, au capitaine.

J'aime ce garçon-là... Ecoute, mon ami, tu as trouvé tes hommes.

KOSINSKY.

Je le crois, et j'espère bientôt, mes frères... Vous pourriez me montrer mon véritable homme? Car je cherche votre capitaine, l'illustre comte de Moor.

SCHWEIZER, lui serrant chaleureusement la main.

Cher enfant, nous sommes camarades.

MOOR, s'approchant.

Connaîtriez-vous le capitaine?

KOSINSKY.

C'est toi... Dans ces traits... qui peut te rearder et en chercher un autre? (Après l'avoir longtemps fixé.) J'ai toujours désiré voir un homme au regard foudroyant, assis sur les ruines de Carthage... A présent, je ne le désire plus.

SCHWEIZER.

Le drôle !

MOOR.

Et qui vous amène vers moi ?

KOSINSKY.

O capitaine ! ma destinée plus que cruelle...
Naufragé sur la mer impétueuse de ce monde,
j'ai vu s'anéantir les espérances de ma vie, et
il ne me reste rien que le souvenir déchirant
de leur perte, qui me rendrait fou si je ne
cherchais à l'étouffer, en portant sur d'autres
objets ma dévorante ardeur, que l'oisiveté dé-
truirait à jamais.

MOOR.

En voici encore un que le ciel a rejeté !...
Continue.

KOSINSKY.

Je me suis fait soldat. Là encore, le malheur
m'a persécuté sans trève et sans relâche...
Je partis pour les Indes, et mon bâtiment
s'est brisé sur des rochers... Partout, des plans
manqués... Enfin, j'ai entendu se répandre le
bruit de tes exploits ou assassinats, comme
ils les appellent, et j'ai fait un voyage de cent
quarante milles dans l'inébranlable résolution
de t'offrir mes services si tu daignes les
agréer... Je t'en conjure, digne capitaine, ne
les refuse pas.

SCHWEIZER, *gambadant.*

Bravo ! bravo ! voilà notre Roller mille fois

remplacé. Un digne camarade pour notre bande.

MOOR.

Ton nom?

KOSINSKY.

Kosinsky.

MOOR.

Eh bien, Kosinsky, tu es bien jeune, et tu fais imprudemment le grand pas de la vie, comme une fillette sans expérience. Ici, tu ne joueras ni au ballon ni aux quilles, comme tu te l'imagines peut-être.

KOSINSKY.

Je sais ce que tu veux dire. J'ai vingt-quatre ans, mais j'ai vu des épées étinceler et j'ai entendu siffler les balles.

MOOR.

Oui?... n'as-tu donc appris à manier les armes que pour tuer de pauvres voyageurs pour un rixdaler, ou pour poignarder des femmes par derrière. Va, va, tu as fui devant ta nourrice, qui t'a menacé des verges.

SCHWEIZER.

Que diable, capitaine! à quoi penses-tu? Veux-tu renvoyer cet Hercule? N'a-t-il pas l'air de chasser d'un regard au delà du Gange le maréchal de Saxe?

MOOR.

Parce que tes fredaines n'ont pas réussi au gré de tes désirs, tu viens à nous, tu viens

trouver un assassin, et tu veux devenir un
assassin ? Meurtre ! Jeune homme, comprends-
tu bien ce mot-là ? Tu t'es couché tranquille-
ment après avoir abattu des têtes de pavots,
mais porter un meurtre sur la conscience !...

KOSINSKY.

Je répondrai sur mon âme de tous les meur-
tres dont tu m'auras chargé.

MOOR.

Comment ! de l'esprit ? Veux-tu prendre un
homme par la flatterie ? Que sais-tu de moi ?
Qui te dit que je ne fais pas de mauvais rêves,
et que je ne pâlirai point sur mon lit de mort ?
Combien as-tu déjà fait de choses avec cette
idée ? Il faut que j'en rende compte.

KOSINSKY.

Bien peu sans doute jusqu'ici ; cependant...
ce voyage pour venir à toi, noble comte.

MOOR.

Ton gouverneur, l'idiot, t'aurait-il fait lire la
vie de Robin Hood ? On devrait envoyer aux ga-
lères cette ignorante canaille. Cela aura pro-
bablement échauffé ton imagination d'enfant
et allumé en toi la folle envie de jouer au
grand homme. Es-tu insatiable de gloire et
d'honneur ? Veux-tu acheter l'immortalité par
des assassinats ? Penses-y bien, jeune ambi-
tieux, les lauriers ne verdissent jamais pour
les assassins. Aucun triomphe ne suit les vic-
toires d'un brigand... il y a toujours au bout
des périls sans nombre, des malédictions, la

mort, l'ignominie... Vois-tu la potence là-bas, sur la colline !

SPIEGELBERG, *se promenant avec humeur*.

Ah! que c'est bête ! C'est abominable, impardonnable, triplement sot ! Ce n'est pas là le moyen. Je m'y suis pris tout autrement.

KOSINSKY.

Que peut craindre celui qui ne craint pas la mort?

MOOR.

Bravo! à merveille! Ton temps de collége t'a profité; tu sais ton Sénèque par cœur... Mais, mon cher ami, avec ces belles sentences tu n'endormiras pas la nature souffrante; avec elles tu n'émousseras jamais les traits de la douleur... Songe bien à ce que tu vas faire, mon fils ! *Il le prend par la main.* Réfléchis bien, mon fils, je te donne ici des conseils de père... Apprends d'abord à connaître la profondeur de l'abîme avant de t'y précipiter... Si tu sais encore de par le monde une joie, une seule, à laquelle tu puisses raccrocher l'espoir... il pourrait y avoir des moments... où tu... te réveillerais! et, alors, il serait trop tard peut-être. Pense que tu vas sortir du cercle de l'humanité... plus qu'un homme, ou un démon... Prends garde... Encore une fois, mon fils, si une étincelle d'espérance couve encore pour toi, cachée sous la cendre de ton cœur, fuis cette effroyable alliance. On peut se tromper, caresser une illusion... Crois-moi, prendre pour force d'esprit ce qui n'est après tout

que du désespoir... crois-en Moor, crois-moi,
et éloigne-toi d'ici.

KOSINSKY.

Non, je ne fuirai pas. Si ma prière ne peut
t'émouvoir, écoute l'histoire de mes malheurs...
Tu me mettras toi-même le poignard vengeur
à la main... tu... Asseyez-vous tous ici, par
terre, et prêtez-moi une oreille attentive.

MOOR.

J'écoute.

KOSINSKY.

Sachez donc que je suis gentilhomme de
Bohême, et que, par la mort prématurée de
mon père, je devins maître d'un fief considé-
rable... Le pays était un paradis!... car la ha-
bitait un ange, une jeune fille parée de tous
les attraits de la jeunesse, et pure comme la
lumière du ciel. Mais, pourquoi vous en parler? Vous ne m'entendez pas. Vous n'avez jamais aimé, vous n'avez jamais été aimés!

SCHWEIZER.

Doucement, doucement! comme le visage
du capitaine s'enflamme !

MOOR.

Laisse-moi... je t'écouterai un autre jour...
demain... quand j'aurai vu du sang.

KOSINSKY.

Du sang, du sang! Écoute seulement. Toute
ton âme sera altérée de sang... Elle était d'u-
ne famille allemande de la bourgeoisie... mais

son regard dissipait les préjugés de la noblesse. Elle avait accepté avec modestie le titre de ma fiancée, j'allais le lendemain conduire mon Amélie à l'autel. *Moor se lève précipitamment.* Au milieu de l'ivresse du bonheur qui m'attendait, et des apprêts si doux de notre éternelle union, je suis mandé à la cour. Je m'y rends. On me présente des lettres pleines de trahison, et l'on m'accuse de les avoir écrites... Cette accusation me fait monter le rouge au front. On prend mon épée, on me jette dans un cachot... Ma raison m'abandonne.

SCHWEIZER.

Et pendant ce temps... continue... Je devine ce qui va arriver.

KOSINSKY.

Je restai là un long mois, sans savoir ce qui allait m'advenir. Je pensais aux tortures qui déchiraient le cœur de mon Amélie à chaque minute de ma captivité. Enfin le premier ministre vient me féliciter sur la découverte de mon innocence ; et d'une voix mielleuse me lit l'ordre de mise en liberté et me fait rendre mon épée. J'accours triomphant à mon château, les bras joyeusement tendus pour y serrer mon Amélie sur mon cœur. Elle avait disparu. A minuit on l'avait enlevée, personne ne savait où... personne n'avait rien vu. Ce fut un trait de lumière... Je vole à la ville, je sonde les courtisans... Tous les regards étaient fixés sur moi, personne ne voulait me répondre. Enfin je la dé-

couvre dans le palais, derrière une grille. Elle
me jette un billet.

SCHWEIZER.

Ne l'ai-je pas dit?

KOSINSKY.

Enfer! mort et diable! la voilà!... On lui
avait offert cet horrible choix, ou me voir expirer dans l'opprobre et les tortures, ou devenir la maîtresse du prince... et... (*souriant
avec amertume*) je fus sauvé.

SCHWEIZER.

Que fis-tu alors?

KOSINSKY.

Je restai là comme frappé de mille tonnerres. Du sang! fut ma première pensée, et ma
dernière pensée encore du sang! L'écume à
la bouche, je prends une épée bien effilée et
je cours avec ma vengeance dans le palais du
ministre, car lui seul avait été l'infernal et infâme entremetteur. On m'avait sans doute
aperçu dans la rue, car je trouvai tous les ap-
partements fermés. Je cherche, je demande;
il était allé chez le prince. J'y vole; on ne l'a-
vait point vu. Je retourne encore chez le misérable, je force les portes, je le trouve; cinq
à six domestiques embusqués derrière une
porte se jettent sur moi et m'arrachent mon
épée.

SCHWEIZER, *frappant du pied.*

Et il ne lui arriva rien? Et tu revins sans avoir rien fait?

KOSINSKY.

Je fus chargé de fers, accusé, poursuivi, dé claré infâme... et... remarquez bien cela... par grâce singulière, chassé de la principauté comme un scélérat. On fait présent au ministre de tous mes biens. Mon Amélie, épuisée de soupirs et de larmes, reste entre les griffes du tigre, tandis que ma vengeance jeûne, courbée sous le joug du despotisme.

SCHWEIZER, *se levant et aiguisant son épée sur un quartier de roc.*

C'est de l'eau sur notre meule, capitaine. Voilà de quoi brûler.

MOOR, *qui depuis longtemps se promenait violemment agité, semble tout à coup se calmer et dit aux brigands :*

Il faut que je la voie!... Allons, levez-vous... Tu restes avec nous, Kosinsky... Vite, préparez-vous à partir.

LES BRIGANDS.

Où?... quoi?...

MOOR.

Où? Qui est-ce qui demande où? (*Vivement à Schweizer.*) Traître, tu veux me retenir? mais, par l'espérance du ciel!..

SCHWEIZER.

Moi traître!... Va jusqu'aux enfers, je t'y suivrai.

MOOR, *lui sautant au cou.*

Cœur de frère! tu m'y suivras... Elle pleure! elle pleure! elle mène une vie de deuil, le désespoir est dans son cœur! Allons, courage, tous! En Franconie! Il faut que nous soyons là dans huit jours. (*Ils s'éloignent.*)

FIN DU TROISIÈME ACTE

ACTE IV

Une galerie dans le château de Moor

—

SCÈNE PREMIÈRE

CHARLES MOOR sous le nom de comte de BRAND, et AMÉLIE devant un portrait.

Un habit de religieuse est sur la table.

MOOR, *très-ému.*

C'était un excellent homme !

AMÉLIE.

Le comte de Brand paraît prendre à lui un vif intérêt.

MOOR, *comme perdu dans le plaisir que lui cause le portrait de son père.*

Oh ! un excellent homme !... un digne homme... Et il serait mort...

AMÉLIE.

Ainsi passent sans retour nos plus doux plaisirs. *Prenant la main de Moor avec douceur.* Comte, aucune félicité ne mûrit ici bas.

MOOR.

C'est bien vrai... c'est bien vrai. Mais en auriez-vous déjà fait la triste expérience ? A peine
avez-vous vingt-deux ans.

AMÉLIE.

Oui, je l'ai faite, cette expérience... Tout vit
pour mourir tristement... Nous ne gagnons
que pour perdre... Nos cœurs ne s'intéressent
aux objets que pour les perdre avec douleur.

MOOR.

Vous avez déjà perdu quelque chose ?

AMÉLIE.

Rien... Tout... Rien.

MOOR.

Et sous l'habit sacré que voilà, voulez-vous
apprendre à l'oublier ?

AMÉLIE.

Demain, j'espère... Voulez-vous continuer
notre promenade, monsieur le comte ?

MOOR.

Déjà ?... Quel est ce portrait, là, sur la droite
Je me trompe, ou c'est une physionomie malheureuse.

AMÉLIE.

Ce portrait à gauche, c'est le fils du comte
le seigneur actuel.

MOOR.

Fils unique ?

AMÉLIE.

Venez,... venez

MOOR.

Mais ce portrait-là, sur la droite?

AMÉLIE.

Voulez-vous ne pas descendre dans le jardin?

MOOR.

Mais ce portrait-là, sur la droite?... Tu pleures, Amélie?

(Amélie s'éloigne précipitamment.)

SCÈNE II

MOOR, seul.

Elle m'aime! elle m'aime! Ses larmes la trahissent! Elle m'aime!... O vous tous, les témoins de mon amour heureux, est-ce vous que je revois? Est-ce là le palais de mon père?... Le printemps de la jeunesse, les années de mai d'or (1) revivent dans l'âme du malheureux. C'est ici que tu devais agir... Considéré, respecté, un grand homme... Ici, tu devais revoir, pour la seconde fois, ton heureuse enfance dans les enfants d'Amélie... Ici, tu devais recevoir les hommages de tes sujets... Non! je retourne dans mon malheur! Adieu, bien-aimée maison de mon père. Tu as vu le

1. *Die goldenen Maienjahre der Knabenze t.*

jeune Charles, et le jeune Charles était un enfant heureux. Aujourd'hui, tu l'as vu homme, et il était désespéré. *(Il se tourne tout à coup vers la porte, et s'y arrête avec attendrissement.)* Ne jamais la revoir !... Plus d'adieu !... plus de baiser sur ses douces lèvres !... Non ! il faut que je la voie encore... il faut que je l'embrasse... Je veux savourer encore le poison de cette volupté qui embrasera tous mes sens ; et puis je pars... aussi loin que pourront me conduire les mers et... le désespoir. *Il sort.)*

SCÈNE III

FRANÇOIS DE MOOR, *plongé dans une rêverie profonde.*

Fuis, horrible image !... Fuis ! lâche cœur ! Pourquoi trembles-tu ? qui te fait trembler ?... Ne semble t-il pas que ce comte est un espion des enfers qui s'attache à mes pas ? Je dois le connaître ! Il y a quelque chose de grand... de déjà vu [1] dans ses traits sauvages, brunis par le soleil, qui me font frémir. *Il se promène, et enfin tire le cordon de la sonnette.)* Holà ! François ! prends garde à toi, il y a là-dessous quelque monstre caché pour ta ruine.

SCÈNE IV

DANIEL., FRANÇOIS DE MOOR.

DANIEL.

Qu'ordonnez-vous, mon maître ?

[1] *Oftegeschenes.*

FRANÇOIS, *après l'avoir regardé longtemps avec attention.*

Bien! sors! verse-moi du vin dans ma coupe... mais vite. (*Daniel sort.*)

SCÈNE V

FRANÇOIS, *seul.*

Il confessera tout, celui-là, si je le mets à la torture! Je veux le frapper d'un regard si terrible, que sa conscience troublée pâlisse au travers du masque. *Il s'arrête devant le portrait de Charles.* Son long cou de cigogne.., ses sourcils épais et noirs... qui se joignent... ses yeux roulant du feu... (*Frémissant tout à coup.*) Enfer, joyeux de nuire, est-ce toi qui me donnes ce pressentiment?... C'est Charles! (*Il marche avec agitation.*)

SCÈNE VI

FRANÇOIS DE MOOR, DANIEL, *avec du vin.*

FRANÇOIS.

Mets-le ici... Regarde-moi fixement!... Comme tes genoux chancellent!... comme tu trembles! Avoue, vieillard. Qu'as-tu fait?

DANIEL.

Rien, sur ma pauvre âme, aussi vrai que Dieu est là-haut!

FRANÇOIS.

Bois ce vin... Quoi ! tu hésites ? Parle ! Vite !
Qu'as-tu jeté dans le vin ?

DANIEL.

Ah ! mon Dieu ! Comment ! moi ! dans le vin

FRANÇOIS.

C'est du poison... Te voilà pâle comme la
neige ? Avoue ! avoue ! Qui te l'a donné ? C'est
le comte, n'est-ce pas ?... C'est le comte qui
te l'a donné.

DANIEL.

Le comte ? Jésus Maria ! le comte ne m'a
rien donné.

FRANÇOIS, *le saisissant brutalement à la gorge.*

Je veux t'étrangler, je veux que tu devien-
nes bleu, menteur blanchi dans la trahison
Rien ?... Et pourquoi êtes-vous fourrés toujours ensemble, lui, toi et Amélie ? Et que
chuchotez-vous toujours ? Ne promène-t-elle
pas sur cet homme des yeux effrontés, elle
qui affecte tant de modestie ? N'ai-je pas vu
comme elle a laissé tomber deux larmes furtives
dans le vin, que derrière mon dos il précipi-
tait dans son gosier avide, comme s'il eût
voulu avaler verre et tout ? Oui, je l'ai vu...
dans la glace, je l'ai vu de mes yeux,

DANIEL.

Dieu qui sait tout sait si j'y entends une
syllabe.

FRANÇOIS.

Veux-tu le nier? veux-tu me dire en face
que j'en ai menti? Quels complots avez-vous
machinés pour vous débarrasser de moi? De
m'étrangler dans mon sommeil, n'est-ce pas?
de me couper la gorge en me rasant? de
m'empoisonner dans du vin ou du chocolat?...
avoue donc; ou de me donner dans ma soupe
un sommeil éternel? Avoue, vite! Je sais
tout.

DANIEL.

Que Dieu me protége au jour du danger,
comme il est certain que je vous dis la vérité.

FRANÇOIS.

Cette fois-ci, je te pardonne; mais, j'en suis
sûr, il a mis de l'argent dans ta bourse; il
t'a serré la main plus fort qu'il n'est d'usage,
à peu près comme on la serre à une ancienne
connaissance.

DANIEL.

Jamais! mon maître.

FRANÇOIS.

Il t'a dit, par exemple, qu'il t'avait déjà
connu... que tu devrais presque le connaître...
qu'un jour le voile qui couvrait tes yeux tomberait,... que... Comment! il ne t'aurait rien
dit de tout cela.

DANIEL.

Pas la moindre chose.

FRANÇOIS.

Qu'il se vengerait... de la plus horrible vengeance?

DANIEL.

Pas un mot.

FRANÇOIS.

Comment! rien du tout?... rappelle-toi bien...
qu'il a connu singulièrement le défunt seigneur... très-particulièrement... qu'il l'avait
aimé .. infiniment... comme un fils aime son
père?

DANIEL.

Je me rappelle, je crois, lui avoir entendu
dire quelque chose de semblable.

FRANÇOIS, *effrayé.*

Il l'a dit? il l'a vraiment dit? Il a dit qu'il
était mon frère?

DANIEL.

Non, il n'a pas dit cela. Mais quand mademoiselle l'a promené dans la galerie (j'écoutais
à la porte, il s'est arrêté, comme frappé du
tonnerre, devant le portrait de feu notre maître. Mademoiselle, en lui montrant le portrait,
a dit : « Un excellent homme!... Oui, un excellent homme! » lui a-t-il répondu, en s'es-
suyant les yeux.

FRANÇOIS.

Assez. Va, cours, cherche-moi Hermann.
Daniel sort.

SCÈNE VII

FRANÇOIS, *seul.*

C'est clair : c'est Charles... Il viendra, il demandera : « Où est mon héritage? » Est-ce pour cela que j'ai dépensé mon sommeil, que j'ai transplanté les rochers, comblé des abîmes sans fond? J'ai étouffé tous les cris de l'humanité, et au moment de jouir de mon chef-d'œuvre, ce vagabond fuyard viendrait de sa main de lourdaud déchirer tous mes plans, tissus avec tant d'art? Doucement! n'allons pas si vite! Ce qui reste n'est plus qu'un jeu... une espèce d'assassinat... Il n'y a que l'imbécile qui laisse son ouvrage inachevé, et qui regarde d'un œil oisif comment le temps l'achèvera.

SCÈNE VIII

HERMANN, FRANÇOIS DE MOOR.

FRANÇOIS.

Ha! sois le bien venu, mon Euryale! instrument armé de mes profonds desseins.

HERMANN, *brusquement.*

Vous m'avez fait demander, comte?

FRANÇOIS.

Pour que tu mettes le sceau à ton chef-d'œuvre.

HERMANN, *entre ses dents.*

Vraiment !

FRANÇOIS.

Le dernier coup de pinceau au tableau.

HERMANN.

Ha, ha !

FRANÇOIS, *étonné.*

Faut-il que je fasse avancer la voiture? Arrangeons-nous cela à la promenade?

HERMANN, *avec fierté.*

Sans façon, s'il vous plaît. Pour ce que nous avons à démêler aujourd'hui ensemble, ce pied carré peut nous suffire... A tout événement, je pourrais faire précéder votre entretien de quelques paroles qui ménageront sans doute vos poumons à l'avenir.

FRANÇOIS, *avec méfiance.*

Hein! quelles paroles donc?

HERMANN, *avec ironie.*

« Tu auras Amélie, te dis-je... et de ma main... »

FRANÇOIS, *étonné.*

Hermann!

HERMANN, *toujours ironique et tournant le dos à François.*

« Amélie sans protecteur est le jouet de mes volontés... Alors tu peux bien imaginer...

tout va au gré de nos vœux... » *(Il rit avec un accent de rage, et reprenant sa fierté.)* Qu'avez-vous à me dire, comte Moor?

FRANÇOIS, *cherchant à lui donner le change.*

Rien à toi... J'ai envoyé chercher Hermann...

HERMANN.

Point de détours... Pourquoi m'a-t-on fait accourir ici? Pour être dupe encore, pour tenir l'échelle au voleur? que je vous serve d'assassin à gages pour deux kreutzers? ou me voulez-vous autre chose?

FRANÇOIS, *avec réflexion.*

A propos!... pour ne point oublier l'essentiel en nous échauffant l'un et l'autre.., mon valet de chambre te l'aura dit, sans doute... Je voulais te parler de la dot...

HERMANN.

Vous me prenez, je pense, pour votre jouet, ou pis encore... C'est pis encore, vous dis-je, si vous ne voulez pas vous jouer de moi... Moor, prenez garde à vous... Moor, n'allumez pas ma fureur. Nous sommes seuls; d'ailleurs, j'ai encore une réputation à mettre au jeu avec vous pour être quitte. Ne vous fiez pas au diable que vous avez recruté.

FRANÇOIS, *avec noblesse.*

Est-ce ainsi que tu parles à ton souverain maître?... Tremble, esclave.

HERMANN, *avec ironie.*

Ce ne sera pas du moins d'encourir votre
disgrâce. Celui qui est irrité contre lui-même,
craint-il cette disgrâce ?. Fi ! Moor ! J'abhorre
déjà en vous le scélérat, ne faites pas que je
me rie encore du sot. Je puis ouvrir des tombeaux et ressusciter des morts... Qui de nous
deux à présent est l'esclave ?

FRANÇOIS, *très-souple.*

Ami, sois donc raisonnable, et ne te parjure
pas.

HERMANN.

Taisez-vous. Vous maudire, c'est sagesse ;
vous garder fidélité, folie. Fidélité ! à qui ? Fidélité à l'éternel imposteur ?... Oh ! mes dents
grinceront dans les enfers à cause de cette
fidélité, tandis qu'une petite dose d'infidélité
aurait pu de moi faire un saint... Cependant,
patience ! patience ! la vengeance est rusée.

FRANÇOIS.

Ah ! c'est parfait. Il est heureux que je m'en
souvienne. Tu as perdu dernièrement dans
cette chambre une bourse de cent frédérics.
Peu s'en est fallu qu'on ne l'ait prise à mon
insu... Reprends, camarade, ce qui t'appartient. *Il le force à prendre une bourse.*

HERMANN, *la jetant à terre avec mépris.*

Malédiction sur cet argent de Judas ! C'est
l'engagement de l'enfer ! Vous avez déjà cru
corrompre mon cœur par ma pauvreté, mais
vous vous êtes trompé, comte, étrangement

trompé !... Cette autre bourse pleine d'or m'est
on ne peut plus utile... pour nourrir certaines
gens...

FRANÇOIS, *effraye*.

Hermann ! Hermann ! ne me laisse pas imaginer de toi certaines choses... Si tu ne faisais... plus que tu ne dois, ce serait horrible,
Hermann !

HERMANN, *avec joie*.

Oui, vraiment ? Eh bien ! apprenez, comte
Moor *avec force* que j'engraisse votre honte,
que je vous prépare un mets exquis ; un jour,
je vous servirai votre jugement pour régal et
j'inviterai les peuples de la terre à ce gala.
(*Avec ironie.*) Vous m'entendez, je pense, mon
sincere souverain, mon gracieux maître ?

FRANÇOIS, *décontenancé*.

Ah ! démon ! faux joueur ! (*Le poing sur le
front.*) Nouer ma fortune à la tête d'un imbécile ! O repentir stupide ! (*Il ne peut plus parler
et se jette dans un fauteuil.*)

HERMANN, *sifflant dans ses doigts*.

Ah ! le rusé !

FRANÇOIS, *se mordant les lèvres*.

Il est donc vrai, il sera toujours vrai, qu'il
n'y a pas sous le soleil de fil aussi faible et
qui ne se brise aussi aisément que les nœuds
qui lient les scélérats !

HERMANN.

Doucement, doucement ! Les anges sont-ils

démoralisés au point que les démons en soient réduits à moraliser ?

FRANÇOIS, *se levant brusquement et riant d'un rir méchant.*

Et, dans cette découverte, *certaines gens* remporteront infiniment d'honneur.

HERMANN, *battant des mains.*

Bien dit, mon maître ! Inimitable ! Vous pouvez jouer votre rôle à vous embrasser. D'abord on attire le crédule imbécile dans le piège, et ensuite on attire le malheur sur sa tête !... *(Avec un grincement de dents.)* Oh ! comme les Belzébuths raffinent !... Cependant, comte *(lui frappant sur l'épaule)*, vous n'avez pas étudié à fond votre infernale malice... Par le ciel ! il faut d'abord que tu saches ce que le perdant veut risquer... Le feu au magasin de poudre, dit le pirate, et sautons en l'air, amis et ennemis !

FRANÇOIS, *s'élançant vers le mur pour saisir un pistolet.*

Trahison !... il faut !...

HERMANN, *tirant vivement de sa poche un pistolet et couchant François en joue.*

Ne vous donnez pas tant de peine. Avec vous, on est préparé à tout événement.

FRANÇOIS. *Il laisse tomber son pistolet et se rejette dans un fauteuil comme un homme qui a perdu la tête.*

Garde mon secret, au moins jusqu'à ce que... j'aie pu y penser.

HERMANN.

Jusqu'à ce que vous ayez engagé une dou-
zaine d'assassins à m'estropier la langue pour
toujours! Mais *à son oreille* le secret est caché dans un testament, et... mes héritiers
l'ouvriront.

(*Il sort.*)

SCÈNE IX

FRANÇOIS, *seul.*

François! François! Que s'est-il donc passé!
Où étaient ton courage et ta présence d'esprit ordinaire?... (*Comme suffoqué.*) Ah! mes
propres créatures me trahissent... Les soutiens de ma fortune commencent à chanceler, et
l'ennemi superbe entre avec fureur... Allons!
une prompte résolution!... Eh!... si j'allais
moi-même... lui percer le dos d'un coup d'é-
pée... Un homme blessé est un enfant. (*Il
marche à grands pas et s'arrête tout à coup avec
un découragement qui décèle toute sa frayeur ...
Qui suit tout doucement mes pas? Il roule autour de lui des yeux hagards.*) Des figures que
je n'ai jamais vues, des voix qui font grincer
les dents! Du courage! certes, j'en ai... du
courage... autant qu'un homme peut en avoir...
Si une glace me trahissait, ou mon ombre,
ou le vent de mon geste meurtrier? Je frémis,
mes cheveux se hérissent de peur, la moelle
de mes os est sèche!... (*Un poignard échappé de
ses vêtements tombe à terre.*) Je ne suis pas lâche... j'ai le cœur trop tendre... oui, c'est cela!...
Ce sont les convulsions de la vertu mou-

rante... Je l'admire... Il faudrait que je fusse
un monstre pour tuer de mes mains mon
propre frère. Non! non! non! Loin de moi
cette pensée... Ces restes d'humanité que je
sens bouleverser mon être... Ah! écoutons-
les... Je ne veux pas tuer... Triomphe, nature... et moi aussi je sens encore quelque
chose qui ressemble à l'amour... Qu'il vive!
(Il sort.)

SCÈNE X

Un Jardin.

AMÉLIE, *seule sous un berceau où viennent abou-
tir plusieurs allées couvertes.*

« Tu pleures, Amélie!... » et il a dit cela
avec une expression... une expression... J'ai
cru sentir le temps se rajeunir et s'épanouir
tous les printemps d'or de l'amour... Le rossignol chantait comme il chante en ce moment,
et j'étais ivre de joie... Il me pressait contre
son cœur... Ah! si les âmes des morts ont
commerce avec les vivants, cet étranger est
l'ange, le bon génie de Charles!... Vois-tu,
cœur faux et perfide, avec quel artifice tu
embellis ton parjure? Non! non! sors de mon
âme, tu me fais horreur! Loin de mon cœur,
vœux impies! Jamais fils de la terre n'habi-
tera dans ce cœur où Charles est enseveli...
Cependant, pourquoi mes pensées s'attachent-
elles si fortement, si longtemps à cet inconnu,
entrelacées dans les traits de mon Charles,
comme confondues dans l'image de mon
Charles bien-aimé? « Tu pleures, Amélie? »

Ah! fuis! fuis! Demain, je serai une sainte.
(*Elle se lève.*) Une sainte? Pauvre cœur! quel
mot as-tu prononcé? Les noms en étaient si
doux à mon oreille charmée... et maintenant...
maintenant... tu m'as trahi, mon cœur. Tu
me persuadais que c'était une victoire que je
remportais sur toi *(la main sur son cœur)* ; tu
m'as trahi. C'était du désespoir. (*Elle s'assied
sur un banc de gazon et se cache la figure dans ses
mains.*)

SCÈNE XI

AMÉLIE, HERMANN, *venant le long d'une
allée couverte.*

HERMANN, *à part.*

Le premier pas est fait... Maintenant, que la
tempête éclate, dût-elle monter jusqu'à mon
gosier. *(Haut.)* Mademoiselle Amélie! mademoiselle Amélie!

AMÉLIE, *effrayée.*

Un espion! Que cherches-tu ici?

HERMANN.

J'apporte des nouvelles plaisantes, joyeuses
et horribles. Si vous êtes disposée à pardonner
des offenses, vous entendrez des prodiges.

AMÉLIE.

Je n'ai point de mémoire pour des offenses,
fais-moi grâce de tes nouvelles.

HERMANN.

Ne pleurez-vous pas un fiancé?

AMÉLIE, *le mesurant d'un long regard.*

Enfant du malheur ! où sont tes droits à me faire cette question ?

HERMANN, *avec un regard sombre.*

Haine et amour.

AMÉLIE, *amèrement.*

Y a-t-il au monde quelqu'un qui aime ?

HERMANN, *roulant des yeux féroces.*

Jusqu'à se faire scélérat !... Depuis peu, ne vous est-il pas mort un oncle ?

AMÉLIE, *tendrement.*

Un père !

HERMANN.

Le père, le fiancé... Ils vivent !... *Il s'enfuit.*

SCÈNE XII

CHARLES MOOR, *sortant d'une allée couverte ;* AMÉLIE, *qui est restée pétrifiée, se levant presque en délire*

AMÉLIE.

Charles vit encore ! *(Elle se précipite sur les pas d'Hermann et rencontre Moor.)*

MOOR.

Où courez-vous donc, l'œil en feu, mademoiselle ?

AMÉLIE.

Lui !... Terre, engloutis-moi !

MOOR.

Je venais vous faire mes adieux. Mais, ô
ciel ! dans quelle émotion faut-il que je vous
retrouve ?

AMÉLIE.

Adieu, comte, restez... Que je serais heureuse si vous n'étiez venu... Ah ! pourquoi
êtes-vous venu en ce moment ?

MOOR.

Vous auriez donc été heureuse, alors ? (Se
détournant.) Adieu !

AMÉLIE, l'arrêtant.

Pour l'amour de Dieu, restez !... Ce n'était
pas là ce que je voulais dire. (Levant les mains.)
Dieu ! Et pourquoi n'était-ce pas ma pensée ?...
Comte, que vous a fait une jeune fille pour la
rendre criminelle à ses propres yeux ? Que
vous a fait l'amour que vous détruisez ?

MOOR.

Vous me tuez.

AMÉLIE.

Mon cœur si pur avant que mes yeux ne vous
aient vu... Oh ! puissent-ils pour toujours s'é-
teindre, ces yeux qui ont souillé mon cœur !

MOOR.

A moi ? à moi cette malédiction, fille cé-

leste ! Vos yeux et votre cœur sont inno-
cents.

AMÉLIE.

C'est là son regard !... comte, je vous en
conjure... Détournez de moi ces regards qui
remplissent mon âme de trouble. C'est lui que
l'imagination perfide m'offre tout entier dans
ce regard... Partez, venez sous la forme d'un
reptile, je m'en trouverai mieux.

MOOR, *avec un long regard d'amour.*

Tu mens, jeune fille !

AMÉLIE, *plus tendrement.*

Ah ! comte ! que n'as-tu le cœur faux et
menteur ? Si tu pouvais faire un jouet d'un
pauvre cœur de femme... Oh ! la fausseté n'a
jamais pénétré dans des yeux qui ressem-
blent a... ses yeux... comme s'ils étaient réfléchis dans une glace?... je devrais le dési-
rer... Heureuse ! si j'étais forcée de te haïr. .
Malheureuse !... si je ne pouvais pas t'aimer.
*Moor pose avec une ardeur dévorante ses lèvres
sur la main d'Amélie.* Tes baisers brûlent ..

MOOR.

C'est mon âme qui brûle en eux.

AMÉLIE.

Va-t'en, pars, il en est temps encore... encore ! Il y a de la force dans l'âme d'un
homme... Donne-moi l'exemple du courage,
homme à l'âme forte.

MOOR.

Le fort qui te voit trembler succombe! Ici,
je prends racine. *(Il cache son visage dans le sein
d'Amélie.)* C'est là que je veux mourir.

AMÉLIE, *dans le plus grand désordre.*

Fuis... ah! laisse-moi... qu'as-tu fait ?...
Éloigne tes lèvres. *(Elle essaye en vain de le re-
pousser.)* Un feu sacrilége se glisse dans mes
veines... *(Avec abandon et fondant en larmes.)*
Fallait-il que tu vinsses de lointains rivages
pour éteindre un amour qui a défié la mort?
(Le serrant plus fortement contre son sein.) Que
Dieu te le pardonne, jeune homme!

MOOR, *dans les bras d'Amélie.*

Ah! si c'est là la séparation de l'âme et du
corps, mourir est le chef-d'œuvre de la vie!...

AMÉLIE, *avec attendrissement et dans le délire.*

Là où tu es présent, il y a été mille fois, et
près de son cœur celle qui près de lui oubliait
ciel et terre... Là son œil embrassait volup-
tueusement la nature dans toute sa majesté.
C'est là qu'il a tant de fois paru sentir les
ineffables bonheurs du regard qui soutient et
récompense le juste. Et je voyais ses traits
resplendir à l'idée des bienfaits de son souverain maître; ses chants célestes enchaînaient
le rossignol attentif à ses accords... Ici... sur
ce rocher, il cueillait des roses... pour moi...
ici... il me serrait sur son cœur... brûlait ses
lèvres sur les miennes. *(Moor n'est plus maître*

SCHILLER   5

de ses sens, leurs baisers se confondent ; elle tombe pâle et presque évanouie. Punis-moi, Charles... j'ai violé mon serment.

MOOR, *comme en délire, s'arrache des bras d'Amélie.*

Quelque enfer me guette! Je suis si heureux! (*Il attache ses regards sur Amélie.*)

AMÉLIE, *voyant briller l'anneau que Charles lui avait donné, se lève avec emportement.*

Tu es encore au doigt de la criminelle? Devais-tu être le témoin du parjure d'Amélie?... Va-t'en... *Elle arrache l'anneau de son doigt et le donne à Moor.* Prends-le, prends-le, séducteur adoré... et avec lui mon amour... mon tout... mon Charles. (*Elle tombe sur le banc de gazon.*)

MOOR, *pâlissant.*

Ô toi! là-haut! est-ce là ce que tu voulais?... C'est ce même anneau que je leur donnai pour gage de l'alliance... Entre dans l'enfer, amour. Mon anneau m'est rendu!

AMÉLIE, *effrayée.*

Qu'as-tu donc?... Tu roules sur moi des regards féroces... Tes lèvres sont pâles comme la neige!... Infortunée! la joie du crime se passe-t-elle si rapidement?...

MOOR, *redevenu maître de lui-même.*

Rien, rien... (*levant les yeux au ciel.*) Je suis encore un homme! (*Il ôte son anneau et le met au doigt d'Amélie.*) Prends aussi celui-ci... celui-ci... douce furie de mon cœur... et avec lui mon amour... mon tout... mon Amélie!

AMÉLIE, *se levant tout à coup.*

Ton Amélie!

MOOR, *avec attendrissement.*

Oh ! une fille qui m'était si chère et fidèle comme les anges. En nous quittant, elle m'avait donné son diamant pour adieu. Je lui laissai le mien pour gage d'une alliance éternelle. On lui dit que j'étais mort; elle est restée fidèle au mort. On lui apprit ensuite que je vivais encore, et alors elle a violé la foi qu'elle m'avait jurée. Je vole dans ses bras... C'était la volupté des immortels... sous le coup de foudre qui a frappé mon cœur! Elle me rend son diamant: je lui ai rendu le sien.

AMÉLIE *étonnée, les yeux baissés.*

C'est singulier!... horrible!... singulier!...

MOOR.

Oh! oui, horrible et singulier, chère enfant, beaucoup... encore beaucoup et beaucoup encore; il reste à savoir à l'homme avant qu'il connaisse l'Être au-dessus de lui, qui se rit de ses serments et pleure sur ses projets... Mon Amélie est une fille bien malheureuse!

AMÉLIE.

Malheureuse... parce qu'elle t'a repoussé.

MOOR.

Malheureuse pour m'avoir donné un baiser, lorsqu'elle cessait de m'être fidèle.

AMÉLIE, *avec une douceur douloureuse.*

Oh! alors, elle est bien malheureuse... la pauvre fille! ah! qu'elle soit ma sœur!... Mais il existe encore un monde meilleur.

MOOR.

Où les voiles tombent et l'amour, qui a vu, recule d'horreur... L'éternité est son nom. Mon Amélie est une fille bien malheureuse!

AMÉLIE, *avec finesse.*

Est-ce que toutes celles qui t'aiment et qui se nomment Amélie sont malheureuses?

MOOR.

Toutes... lorsqu'elles pensent embrasser un ange, et qu'elles trouvent... un assassin dans leurs bras... Mon Amélie est une fille bien malheureuse!

AMÉLIE, *exaltée.*

Je la pleure!

MOOR, *prenant la main d'Amélie pour lui faire reconnaître l'anneau qu'il vient de lui donner.*

Pleure sur toi-même. *(Il s'enfuit.)*

AMÉLIE, *qui a reconnu l'anneau.*

Charles!... Charles!...O ciel et terre!... *(Elle tombe évanouie.)*

SCÈNE XIII

*Une forêt. — Au fond, les ruines d'un château. — Il
fait nuit.*

LES BRIGANDS, *campés;* SPIEGELBERG ET
RAZMANN, *causant sur le devant de la scène.*

RAZMANN.

La nuit s'avance! Et le capitaine qui n'est
point arrivé.

SPIEGELBERG.

Écoute, Razmann, j'ai un secret à te con-
fier... *(Il parle bas.)* Le capitaine, dis-tu? Qui
l'a fait notre capitaine? N'a-t-il pas usurpé ce
titre qui de droit m'appartient?... Comment!
est-ce pour cela que nous mettons notre vie à
la merci d'un dé, et n'essuyons-nous toute la
mauvaise humeur du sort que pour avoir à
nous féliciter d'être les esclaves d'un esclave?
Des esclaves! quand nous pourrions être des
princes!... Par Dieu! Razmann, cela ne m'a
jamais plu.

RAZMANN.

Tonnerre! ni à moi, crois-le bien... Mais qu'y
faire?

SPIEGELBERG.

Tu me le demandes, et pourtant tu es de la
bande... Razmann, si tu es ce que je t'ai cru
jusqu'à ce jour... Razmann... on s'est aperçu
de son absence... ils le croient à moitié perdu...
Razmann... il me semble que son heure fu-

nèbre a sonné. Comment! tu ne sautes pas
de joie quand l'heure de la liberté sonne pour
toi! Tu n'as même pas assez de courage pour
écouter la confidence d'un grand dessein !

RAZMANN.

Ah! Satan! de quels liens enlaces-tu mon
cœur?

SPIEGELBERG.

Cela aurait pris?... Bon! suis-moi donc. J'ai
bien remarqué par quel chemin il s'est échappé.
Viens. Deux pistolets manquent rarement, et
puis...

SCHWEIZER, *qui a saisi quelques mots de l'entretien, se lève avec fureur, son coutelas à la
main.*

Ah! scélérat! tu me rappelles bien à propos les forêts de la Bohême... N'étais-tu pas
ce lâche qui a commencé à crier comme un
canard à la vue de l'ennemi?... J'ai alors juré
sur mon âme... Meurs, assassin!... (*Il se jette
sur Spiegelberg ; tous deux se battent avec rage.*)

LES BRIGANDS, *en tumulte.*

Au meurtre! au meurtre!... Schweizer...
Spiegelberg... séparez-les !

SCHWEIZER, *après avoir poignardé Spiegelberg.*

Tiens !... crèves !... Soyez tranquilles, camarades !... Que cette chasse au lapin ne vous
effraye pas. Cet animal jaloux a toujours haï
le capitaine, et n'a pas une seule blessure sur

sa peau huileuse... cette vile canaille !... C'est
par derrière qu'il voulait assassiner des hommes ! Assassiner par derrière !... Des sueurs
de sang ont-elles desséché nos joues pour que
nous sortions du monde comme des lâches ?
Bête brute ! nous sommes-nous campés sous
le sifflement des balles, sous le feu et la fumée, pour crever empoisonnés comme des
rats ?

GRIMM.

Diable ! le capitaine sera furieux.

SCHWEIZER.

C'est mon affaire... Schufterle en a fait autant ; aussi, à présent, il se balance en Suisse,
au haut d'une potence, comme le capitaine le
lui avait prédit. (On entend un coup de feu.)

GRIMM, sursautant.

Un coup de pistolet !... Un autre !... Holà !...
le capitaine !

KOSINSKY.

Un moment, il faut qu'il tire un troisième
coup. (Nouveau coup de feu.)

GRIMM.

C'est lui ! c'est lui ! Cache-toi, Schweizer !
laisse-moi lui parler. (Ils sonnent du cor.)

SCÈNE XIV

MOOR, LES PRÉCÉDENTS.

SCHWEIZER, *courant à sa rencontre.*

Sois le bien venu, mon capitaine!... J'ai été un peu vif pendant ton absence. (*Il le conduit près du cadavre.*) Sois juge entre cet homme et moi : c'est par derrière qu'il a voulu t'assassiner.

MOOR, *étonné, s'écrie tout à coup :*

O doigt inconcevable de la Némésis vengeresse! n'est-ce pas lui dont la voix de sirène nous a séduits?...Consacre ce glaive à l'incompréhensible déesse. Ce n'est pas toi qui as fait cela, Schweizer?

SCHWEIZER.

Pardieu! c'est bien moi qui l'ai fait, et, mille diables! ce n'est pas la plus mauvaise action de ma vie. (*Il jette son épée sur le mort et s'en va de mauvaise humeur.*)

MOOR, *pensif.*

J'entends... Roi des cieux!... j'entends... les feuilles desséchées tombant... Mon automne est venu. (*Otez celui-ci de mes yeux. On emporte le cadavre de Spiegelberg.*)

GRIMM.

Donne-nous tes ordres, capitaine. Que faut-il faire?

MOOR.

Bientôt,... bientôt tout sera accompli. Je me suis perdu moi-même en allant... Prenez vos cors, et sonnez, il faut que je me reberce dans les jours de ma force... Sonnez du cor !

KOSINSKY.

Il est minuit, capitaine. Le sommeil pèse sur nous comme du plomb. Depuis trois jours nous n'avons pas fermé les yeux.

MOOR.

Le sommeil balsamique tombe-t-il donc aussi sur les yeux des bandits? Pourquoi me fuit-il, moi? Ai-je été un lâche ou un misérable!... Sonnez, je l'ordonne!... Il faut que j'entende une musique guerrière pour que mon génie endormi se réveille. *Ils jouent une marche. Moor, absorbé dans sa pensée, se promène devant eux, et d'un geste les fait tous cesser.* Allez dormir. Bonne nuit! demain je vous parlerai.

LES BRIGANDS.

Bonne nuit, capitaine. *Ils s'endorment. — Profond silence.*

SCÈNE XV

MOOR.

Une longue... longue nuit... Elle n'aura jamais d'aurore !... Tremblerai-je ?... Ombres de ceux que j'ai étranglés, je ne tremblerai point.

Vos râles, votre visage bleuâtre, vos horribles
et larges plaies ne sont que les anneaux de
la chaîne éternelle de la destinée, et cette
chaîne tout entière est attachée aux heures
de mes joies, à l'humeur de ma nourrice et
de mon gouverneur, au caractère de mon père,
au sang de ma mère. Pourquoi mon Perillus
n'a-t-il fait de moi qu'une bête sauvage, dont
les entrailles brûlantes dévorent l'humanité ?
(Il pose le bout d'un pistolet sur son front.) Sur ce
canon s'embrassent le temps et l'éternité...
Affreuse clef, qui ferme derrière moi la prison
de la vie, qui m'ouvre le séjour de la liberté
éternelle! dis-moi, oh ! dis-moi, où me condui-
ras-tu ?... Terre étrangère, que n'a encore fou-
lée aucun pied humain ! L'humanité succombe,
accablée de cette effrayante image : les fibres
se détendent, et l'imagination, singe malicieux
des sens, fait bondir des fantômes devant nos
yeux épouvantés... Non, non, un homme ne doit
pas trembler. Sois ce que tu voudras, incon-
nue, au-delà sans nom ! pourvu que mon *moi*
me reste fidèle, et que je l'emporte !... Les de-
hors ne sont que la couleur de l'esprit. Je suis
moi-même mon ciel et mon enfer. *(Étendant
au loin ses regards.)* Si tu me laissais un uni-
vers réduit en cendres, que tu aurais banni
de tes yeux, où je serais seul avec la nuit solitaire et les déserts éternels... alors je peu-
plerais le vide silencieux de mes rêves, et j'aurais l'éternité pour analyser à loisir le tableau
embrouillé des misères humaines... Ou vou-
drais-tu, par des transformations renaissan-
tes, par un spectacle de misères toujours nouveau, de degrés en degrés, me conduire au

néant ? Ne pourrai-je plus briser le fil de la
vie qui me sera filé au delà de la mort, aussi
facilement que je brise celui-ci ?... Tu peux
me réduire à rien, mais cette liberté tu ne
peux me la ravir. (*Il arme son pistolet et tout à
coup s'arrête.*) Et je mourrai par la crainte
d'une vie pleine de tourments ? Me laisserai-je
vaincre par le malheur ? Non, non ! je dois le
supporter. O mon orgueil ! épuise la douleur !
Je veux accomplir ma destinée. (*La nuit devient toujours plus sombre. Minuit sonne.*)

SCÈNE XVI

LES PRÉCÉDENTS ; HERMANN, *ensuite*
UNE VOIX *dans la tour.*

HERMANN.

Silence ! horribles hurlements !... C'est le hi-
bou qui pousse ses cris sinistres !... Minuit
sonne dans le village... Bien ! tout dort... Le
remords seul veille... et la vengeance. (*Il s'approche de la tour et frappe.*) Viens, homme de
douleur !... Habitant de la tour, ton repas est
prêt.

MOOR, *frémissant.*

Qu'entends-je ?

UNE VOIX, *sortant de la tour.*

Qui frappe ? Est-ce toi, Hermann, mon corbeau ?

HERMANN.

Oui, c'est moi Hermann, ton corbeau. Viens

a la grille et mange... Tes camarades de
nuit, les hiboux, hurlent d'horribles chants.
Tu manges avec appétit, vieillard.

LA VOIX.

J'avais bien faim... Je te remercie, envoyeur
de corbeaux, pour ce pain envoyé dans le désert. Et comment va ma chère enfant, Hermann ?

HERMANN.

Paix !... Écoute... On dirait des gens qui
ronflent !... N'entends-tu rien ?

LA VOIX.

Comment ?... Entends-tu quelque chose ?

HERMANN.

C'est le sifflement du vent au travers des
fentes de la tour. Une musique de nuit qui
vous fait claquer les dents et bleuir les ongles... Écoute ! écoute !... Il me semble toujours entendre ronfler. Tu as de la compa-
gnie, vieillard !... Hou ! hou ! hou !

LA VOIX.

Vois-tu quelque chose ?

HERMANN.

Adieu ! adieu !... quel affreux désert !... Re-
descends dans ton souterrain... Ton sauveur
est près, ton vengeur... *(Il veut fuir.)*

MOOR, *s'approchant avec horreur.*

Reste !...

HERMANN, *poussant un cri effrayé.*

Qui est là ?...

MOOR.

Arrête... parle... qui es-tu ? que viens-tu faire ici ? parle !

HERMANN, *s'avançant.*

C'est un des espions de François... c'est certain... Je ne crains plus rien. *Mettant l'épée à la main.* Défends-toi, lâche ! Tu as un homme devant toi.

MOOR, *lui faisant sauter au loin son épée.*

C'est une réponse que je veux. A quoi bon ce jeu de scélérat ?... Tu parlais de vengeance... C'est à moi seul dans ce monde qu'appartient la vengeance... Qui ose attenter à mes droits ?

HERMANN, *effrayé et reculant.*

Par le ciel ! celui-là n'est pas né d'une femme !... Il a un coup de poignet qui vous énerve comme la mort.

LA VOIX.

Hélas ! Hermann, est-ce toi qui parles ?... A qui parles-tu, Hermann ?

MOOR.

Encore là-bas. Que se passe-t-il ici ? *Courant vers la tour.* Quelque abominable secret est caché dans la tour... Avec cette épée, je le découvrirai.

HERMANN, *tremblant.*

Terrible étranger, serais-tu par hasard le lutin de ce désert?... Ne serais-tu pas un des sbires de l'obscure déesse qui font patrouille dans ce bas monde, et passent en revue les naissances de minuit?... Oh! s'il est vrai, sois le bien venu près de cette affreuse tour.

MOOR.

Tu l'as deviné, voyageur nocturne. Ange exterminateur est mon nom; j'ai des os et des membres comme toi. Est-ce un infortuné que les hommes ont jeté dans les fers? Je les briserai... O voix! fais-toi donc entendre encore!... Où est la porte?

HERMANN.

Belzébuth forcerait plus aisément les portes du ciel que toi celle-ci : Retire-toi, homme fort; l'esprit des scélérats surpasse le sens des hommes. *(Il touche la tour de son épée.)*

MOOR.

Mais non pas l'esprit des voleurs. *(Il tire quelque passe-partout de sa poche.)* O Dieu! je te remercie de m'avoir mis à leur tête!... Ces clefs-là se rient de la prudence des enfers. *(Avec une de ses clefs il ouvre la porte. Il sort de la tour un vieillard décharné comme un squelette. Moor recule d'horreur.)* — A part. — Effroyable illusion! Mon père!

SCÈNE XVII

LE VIEUX COMTE MAXIMILIEN DE MOOR, LES PRÉCÉDENTS.

LE VIEUX COMTE.

O mon Dieu! je te rends grâce, l'heure de ma délivrance est arrivée.

MOOR.

Ombre du vieux Moor, qui t'a troublé dans la tombe? As-tu traîné après toi dans l'autre monde un crime qui te ferme l'entrée du Paradis? Je ferai dire des messes. Je veux prier Dieu qu'il rappelle ton ombre errante. As-tu enterré l'or des veuves et des orphelins? Est-ce pour t'en punir que tu erres à cette heure en gémissant?... Je veux arracher ce trésor souterrain aux griffes du dragon magique, dût-il vomir sur moi des torrents de flamme, et se ruer sur mon épée avec d'horribles grincements de dents. Ou viendrais-tu là, à ma demande, m'expliquer les énigmes de l'Éternité? Parle, parle! je ne suis point l'homme de la pâle crainte.

LE VIEUX COMTE.

Je ne suis point un esprit; touche mes os, je vis, oh! d'une vie misérable et douloureuse!

MOOR.

Quoi, tu n'as pas été enterré?

LE VIEUX COMTE.

J'ai été enterré: c'est-à-dire, un chien mort

gît à ma place dans le tombeau de mes pères.
Et moi... depuis trois lunes, je languis dans
cette sombre tour, où pas un rayon de lumière ne m'a éclairé, où jamais un air doux
et pur ne m'a rafraîchi, où les aigres corbeaux
croassent, où la chouette hurle ses présages
sinistres.

MOOR.

Ciel et terre! qui a fait cela?

HERMANN, *avec une joie horrible.*

Un fils!

LE VIEUX COMTE.

Ne le maudis pas.

MOOR.

Un fils? (*Se jetant avec rage sur Hermann.*)
Menteur, à la langue de serpent! Un fils! répète encore un fils, et je plonge mille poignards dans ton gosier sacrilége! Un fils!

HERMANN.

C'est peut-être un démon qui a fait tout
cela, mais moi je ne puis pas dire autrement:
oui, son fils!

MOOR, *comme pétrifié.*

O chaos éternel!

LE VIEUX COMTE.

Si tu es un homme et si tu as un cœur
d'homme... Sauveur! que je ne connais pas,
oh! alors, écoute le désespoir d'un père que

ses fils lui ont préparé... Depuis trois lunes,
je ne m'en suis plaint qu'à ces murs de roc,
et leur voix barbare n'a fait que singer mes
gémissements... C'est pourquoi si tu es un
homme et si tu as un cœur d'homme...

MOOR.

Cette prière attendrirait des bêtes féroces!

LE VIEUX COMTE.

J'avais été malade, je gardais encore mon
lit, à peine avais-je r cueilli un peu de force
après une longue et douloureuse maladie; on
m'amena un homme qui m'annonça que mon
premier né était mort dans une bataille, et
dans ses derniers adieux, c'était ma cruelle
malédiction qui l'avait jeté dans les combats,
dans la mort, dans le désespoir.

HERMANN.

Mensonge! Horrible imposture! Ce lâche
c'était moi-même, qu'il avait acheté avec de
l'or et des promesses, pour empêcher vos re-
cherches sur ce fils, et empoisonner d'un seul
coup le reste de vos jours.

LE VIEUX COMTE.

Toi, toi? O ciel! Et c'était une infernale ma-
chination! J'ai été trompé?

MOOR, s'éloignant.

L'entends-tu, Moor, l'entends-tu? Un jour
horrible commence a m'éclairer.

HERMANN.

Ecrasez-moi comme un reptile impur! J'é-
tais son complice, je supprimais les lettres de
votre Charles ; je changeais les vôtres, et
j'en faisais passer d'autres remplies de haine
et de cruauté. C'est ainsi qu'on vous a trahi...
c'est ainsi qu'ils l'ont arraché de votre testament et de votre cœur.

MOOR, *dans le plus affreux déchirement de cœur.*

Et pour cela, voleur et assassin! *Le poing
tantôt sur la poitrine et tantôt sur le front.* Oh
insensé... insensé... Des ruses infâmes... Et
pour cela incendiaire et assassin. *Il marche
avec fureur.*

LE VIEUX COMTE, *avec une colère qui s'éteint
graduellement.*

François, François!... Mais je ne veux plus
maudire... Et moi, qui n'ai rien vu, qui n'ai
rien soupçonné. Malheur au père indulgent et
aveugle!

MOOR, *s'arrêtant.*

Et ce père dans la tour? *Il concentre sa douleur.* Ce n'est pas à moi de me plaindre et
d'entrer en fureur. (*Au vieillard avec un calme
forcé.* Continuez.

LE VIEUX COMTE.

Je m'évanouis à cette nouvelle... Il faut que
l'on m'ait cru mort; car, en revenant à moi,
j'étais déjà dans la bière, enseveli dans un lin-

ceul. Je grattai les planches du cercueil : on l'ouvrit. Autour de moi la nuit sombre... Mon fils François était là qui me regardait... « Quoi ! s'écria-t-il d'une voix terrible, veux-tu donc vivre éternellement ?... » Et il referma le cercueil. Le tonnerre, de sa voix, m'avait privé de tous mes sens ; à mon réveil, je sentis le cercueil soulevé, puis roulé sur une voiture. Où me conduisaient-ils ? Enfin ils ouvrent mon cercueil, je me trouvai à l'entrée de ce souterrain, mon fils y était aussi, et l'homme qui m'avait apporté l'épée tachée du sang de mon Charles... Comme j'embrassai ses genoux ! Je l'ai prié, je l'ai conjuré le front dans la poussière de ses pieds !... Les prières de son père n'arrivaient point à son cœur... « Jetez là cette charogne. (J'ai entendu tonner ces épouvantables paroles dans sa bouche.) Il a assez vécu ! » Et je fus poussé dans ce souterrain sans pitié, et mon fils François ferma sur moi cette grille de fer.

MOOR.

Ce n'est point possible ! Il faut que vos malheurs aient égaré votre raison.

LE VIEUX COMTE.

Cela pourrait bien être. Écoute, mais ne t'irrite pas. Voilà comme je suis resté pendant vingt heures, et personne qui pensât à ma peine. Jamais pied mortel n'approche ce désert ; car on dit que les esprits de mes pères traînent des chaînes bruyantes sur ces ruines, et hurlent leurs chants de mort à l'heure de minuit. Enfin j'entendis la porte s'ouvrir ; cet

homme m'apporta du pain et de l'eau, et
m'apprit que j'avais été condamné à mourir
de faim, et qu'il exposait sa vie si l'on venait
à découvrir qu'il osât m'apporter à manger.
C'est ainsi que j'ai été douloureusement conservé pendant ce long temps, mais le froid
continuel... l'air souillé de mes excréments...
un chagrin sans bornes, j'ai perdu toutes mes
forces, mon corps s'est desséché... Mille fois,
avec des larmes, je demandais à Dieu la mort;
mais il faut que la mesure de ma punition ne
soit pas comblée ou peut être quelque joie
m'attend encore, puisque j'ai été si miracu-
leusement conservé. Mais je souffre avec justice... Mon Charles! mon Charles!... et il n'a-
vait pas encore de cheveux blancs.

MOOR.

C'est assez. Levez-vous! cœurs de pierre!
Dorment-ils d'un sommeil de fer! Allons, aucun d'eux ne s'éveillera-t-il? *Moor tire un coup*
de pistolet au-dessus de sa bande endormie.)

SCÈNE XVIII

LES PRÉCÉDENTS et LES BRIGANDS *qui se*
lèvent en sursaut.

LES BRIGANDS.

Hé! holà! holà! Qu'y a-t-il?

MOOR.

Est-ce que cette histoire ne vous a pas fait
sortir du sommeil?... Le sommeil éternel s'en

fût éveillé! Regardez, regardez, les lois du
monde ne sont plus que des jeux du hasard ;
les liens de la nature sont brisés; l'antique
Discorde est détachée dans les enfers. Le fils
a tué son père.

LES BRIGANDS.

Que dit le capitaine?

MOOR.

Non, pas tué! c'est embellir la cruauté! Le
fils a mille fois roué, empalé, mis à la torture,
écorché son père. Ces mots sont trop humains :
ce qui fait rougir le crime, ce qui fait frémir
le cannibale, ce que, depuis l'éternité, aucun
démon n'a imaginé... le fils à son propre
père!... Oh! regardez, regardez, il s'est évanoui... Dans un souterrain, un fils a jeté son
père tout vivant... Froid! nudité! faim! soif!
Oh! regardez donc, regardez donc!... C'est
mon père, je veux vous en faire l'aveu.

LES BRIGANDS, *s'avançant et entourant le vieillard.*

Ton père? ton père?

SCHWEIZER *s'approche respectueusement et se jette
aux pieds du vieillard.*

Père de mon capitaine, je baise la poussière
de tes pieds. Commande à mon poignard.

MOOR.

Vengeance! vengeance! vengeance pour toi,
vieillard, si cruellement profané! *Il déchire son
habit du haut en bas.*) Voilà comme je déchire
pour jamais les nœuds fraternels; voilà com-

me je maudis, à la face du ciel ouvert, chaque goutte du sang de mon frère. O lune! et vous, astres de la nuit, écoutez-moi; entends mes cris, ciel funèbre, qui jettes tes regards sur cette abomination. Ecoute-moi, Dieu trois fois terrible, toi qui règnes là-haut au-dessus de la lune, qui venges et condamnes au-dessus des étoiles, et qui allumes ta foudre au-dessus de la nuit : me voici à genoux... Voici que je lève les trois doigts dans le frémissement de la nuit... Ici, je jure, et que la nature me jette hors de son enceinte si je manque à mon serment, je jure de ne plus saluer la lumière du jour que le sang du parricide ne soit répandu sur cette pierre, et que la vapeur impure n'en monte vers le soleil ! (*Il se lève.*)

LES BRIGANDS.

C'est un tour de Bélial ! qu'ils disent encore que nous sommes des coquins ! Non, par tous les démons ! nous n'avons jamais rien fait d'aussi affreux !

MOOR.

Oui, et par tous les terribles soupirs de ceux qui sont tombés sous vos poignards, par ceux que mes flammes ont dévorés, et que ma tour dans sa chute a écrasés... aucune idée de meurtre ou de vol ne s'arrêtera dans votre sein que vos habits à tous ne soient teints du sang de ce maudit... Auriez-vous imaginé jamais que vous fussiez le bras de la plus haute Majesté° Le nœud de notre destinée se débrouille. Aujourd'hui, aujourd'hui, une invincible puissance ennoblit notre métier! Adorez celui qui

vous charge de sublimes desseins, qui vous
amène dans ces déserts, qui vous a jugés dignes d'être les Anges terribles de son impé-
nétrable justice. Découvrez vos têtes, age-
nouillez-vous dans la poussière, et relevez-
vous sanctifiés. (*Ils tombent tous à genoux et se
prosternent.*)

SCHWEIZER.

Commande, capitaine, que faut-il faire?

MOOR.

Lève-toi Schweizer, et touche ces cheveux
sacrés. (*Il le conduit vers son père, et lui fait
serrer dans sa main une boucle de ses cheveux.*) Tu
sais comme tu as fendu la tête à ce cavalier
bohémien, lorsqu'il levait le sabre sur moi,
lorsqu'épuisé de fatigue et de sang, mes genoux tremblants se dérobaient sous moi. Alors
je t'ai promis une récompense digne d'un roi :
jusqu'à présent, je n'ai point encore pu te
payer ma dette.

SCHWEIZER.

Tu me l'as juré, il est vrai, mais laisse-moi
te nommer à jamais mon débiteur.

MOOR.

Non, dès aujourd'hui, je veux te payer. Jamais, Schweizer, mortel ne fut honoré comme
toi!... Venge mon père ! (*Schweizer se lève*).

SCHWEIZER.

Grand capitaine! aujourd'hui, pour la pre-

mière fois, tu m'as rendu orgueilleux... Ordonne ! Quand, comment, où dois-je frapper?

MOOR.

Les minutes sont comptées, il faut te hâter.
Choisis les plus dignes de la bande, et conduis-
les tout droit au château du seigneur. Traine-
le hors du lit s'il dort, ou s'il est couché dans
les bras de la volupté ; enlève-le de la table
où il s'est enivré ; arrache-le des pieds du cru-
cifix si tu l'y trouves prosterné. Mais, prends
garde, c'est un ordre rigoureux, ne me l'amène
pas mort. Je taillerai en pièces, et je donnerai
à manger aux vautours affamés les membres
déchirés de celui qui osera seulement effleurer
sa peau, ou arracher un seul de ses cheveux.
Il faut que je l'aie tout entier, et si tu l'amènes
tout entier et vivant, tu auras un million pour
récompense. Aux dépens de ma vie, je le vo-
lerai à un roi, et toi, tu seras libre comme
l'air... Si tu m'as compris, hâte ma vengeance.

SCHWEIZER.

Il suffit, capitaine. Touche. (*Il lui tend la
main.*) Ou tu ne verras personne, ou tu nous
verras revenir deux. Anges exterminateurs de
Schweizer, venez. *Il part, suivi d'une bande de
brigands et de Hermann.*

MOOR.

Vous autres, dispersez-vous dans la forêt...
Je reste.

FIN DU QUATRIÈME ACTE.

ACTE V

___

SCÈNE PREMIÈRE

Une suite de chambres. — Il fait nuit noire.

FRANÇOIS DE MOOR, *en robe de chambre, entrant à pas précipités;* DANIEL, *accourant derrière lui.*

FRANÇOIS.

Trahi! trahi! Les tombeaux vomissent des esprits... L'empire de la mort, réveillé du sommeil éternel, mugit contre l'assassin!... Qui remue là-bas?

DANIEL, *inquiet.*

Que le ciel ait pitié de nous! Est-ce vous, monseigneur, qui poussez des cris si horribles sous ces voûtes, que tous ceux qui dorment s'éveillent en sursaut?

FRANÇOIS.

Ceux qui dorment? Qui vous a dit de dormir? Personne à cette heure ne doit dormir, entends-tu? Tout doit être éveillé... armé... Qu'on charge tous les fusils... Les as-tu vus là-bas se glisser le long des corridors?

DANIEL.

Qui, monseigneur?

FRANÇOIS.

Qui? triple brute! qui? Tu demandes qui,
froidement, sottement.... Cela m'a pris comme
un étourdissement! Qui? âne? qui? des ombres et des démons? La nuit est-elle bien
avancée?

DANIEL.

On vient de crier deux heures.

FRANÇOIS.

Quoi! cette nuit va-t-elle donc durer jusqu'au jour du jugement dernier? N'as-tu
point entendu de tumulte dans le voisinage,
des cris de victoire, un bruit de chevaux au
galop?... Où est Char...? le comte, veux-je
dire?

DANIEL.

Je ne sais pas, maître.

FRANÇOIS.

Tu ne sais pas!... Tu es aussi du complot.
De mon pied je ferai sortir ton cœur à travers tes côtes, avec ton maudit « je ne sais
pas! » Et aussi des mendiants conjurés contre moi. Ciel! enfer! tout! contre moi conjuré!

DANIEL.

Mon maître!...

FRANÇOIS.

Non!... je ne tremble pas! ce n'était qu'un
songe. Les morts ne ressuscitent point en-

core... Qui dit que je tremble et que je suis pâle?... Je me porte si bien, si à mon aise !

DANIEL.

Vous êtes pâle comme la mort, votre voix tremblante est entrecoupée de soupirs.

FRANÇOIS.

J'ai là fièvre, je me ferai saigner demain.

DANIEL.

Oh! vous êtes sérieusement malade!

FRANÇOIS.

Oui, certainement, tu l'as dit; c'est là tout... Et la maladie trouble la raison et nous donne des rêves bizarres qui tiennent du prodige... Des rêves ne signifient rien... n'est-ce pas, Daniel?... Les rêves viennent de l'estomac, et des rêves ne signifient rien. J'avais tout à l'heure un rêve très-gai... (*Il tombe évanoui.*)

DANIEL.

Dieu! qu'est-ce que tout cela veut dire? Georges, Conrad, Bastien, Martin ! Donnez seulement un signe de vie. *(Il le secoue.)* Ecoutez, par pitié !... On va dire que je l'ai tué ! Que Dieu ait pitié de moi !

FRANÇOIS, *dans le plus grand trouble.*

Va-t'en, va-t'en !... Qu'as-tu à me secouer ainsi, abominable squelette! Les morts ne ressuscitent point encore.

DANIEL.

O bonté éternelle !... Il a perdu la raison !

FRANÇOIS, *se levant épuisé,*

Où suis-je ?... Daniel ! qu'ai-je dit ?... N'y fais pas attention : quelque chose que j'aie pu dire, j'ai dit un mensonge. Viens ! aide-moi... C'est un étourdissement subit... parce que... parce que... je n'ai pas assez dormi.

DANIEL.

Je vais appeler du secours... un médecin.

FRANÇOIS.

Reste. Assieds-toi près de moi, sur ce sofa... Comme cela... Tu es un homme raisonnable, un brave homme ; je veux te raconter...

DANIEL.

Pas à présent, une autre fois. Je veux vous coucher ; le repos vous vaudra mieux.

FRANÇOIS.

Non, je t'en prie, écoute-moi, et moque-toi bien de moi ! Tiens, il me semblait avoir fait un repas de roi, et mon cœur était joyeux ; dans ma riante ivresse, je sommeillais sur le gazon, dans un des jardins du château. Tout à coup... tout à coup... Mais, je te le répète, moque-toi bien de moi...

DANIEL.

Tout à coup ?...

FRANÇOIS.

Un coup de foudre frappe mon oreille engourdie; je me lève en chancelant et avec le frisson de la mort... et... regarde : je vois l'horizon tout en flammes, et les montagnes, les villes et les forêts se fondre comme la cire sur un brasier, et mille tempêtes de vents irrités chassaient devant eux les mers, le ciel et la terre.

DANIEL.

C'est le vrai tableau du jugement dernier.

FRANÇOIS.

Quelle folie, n'est-ce pas ?... Je vis un être qui s'avançait, qui portait à sa main étendue une balance d'airain; il la suspendait entre l'Orient et l'Occident. « Approchez, s'écriait-il, enfants de la poussière, je pèse les pensées ! »

DANIEL.

Que Dieu ait pitié de moi !

FRANÇOIS.

Ils restaient tous immobiles, pâles comme la neige; une horrible attente serrait douloureusement tous les cœurs. Alors je crus entendre mon nom sortir le premier des éclairs de la montagne, et la moelle se gela dans mes os, et mes dents frémissantes s'entrechoquaient comme des dents de fer.

DANIEL.

Oh ! que Dieu vous pardonne !

FRANÇOIS.

Il ne l'a pas fait... regarde !... Un vieillard se présente, courbé sous le poids des chagrins, et le bras à moitié rongé, tant sa faim avait été affreuse; tous les regards, terrifiés, n'osaient s'arrêter sur cet homme. Ce vieillard, je le connaissais. Il coupa une boucle de ses cheveux blancs... et la jeta... la jeta... dans la balance maudite... et j'entendis une voix éclatante comme le tonnerre sortir des rochers enflammés : « Grâce! grâce pour tous les pécheurs de la terre et de l'abîme... Tu es seul réprouvé. » *Longue pause.*) Eh bien! tu ne ris pas?

DANIEL.

Puis-je rire quand tous mes os tressaillent! Les songes viennent de Dieu.

FRANÇOIS.

Fi donc, fi donc! ne dis pas cela! Appelle-moi, te dis-je, un fou, un enfant; appelle-moi comme tu voudras; je t'en prie, Daniel, moque-toi bien de moi.

DANIEL.

Les songes viennent de Dieu. Je vais le prier pour vous.   (*Il sort.*)

FANÇOIS.

Sagesse populaire! terreurs vaines d'une multitude superstitieuse!... Il n'est pas encore décidé si le passé n'est point passé, et s'il se trouve là-haut un œil au-dessus des étoiles...

Hum, hum! qui m'a inspiré cette pensée? Est-
ce qu'il y aurait là-haut un Vengeur?... Non,
non! oui, oui! Quels sifflements viennent
bruire à mon oreille? Y a-t-il là-haut un juge?
Paraître cette nuit devant le suprême Vengeur! Non! Misérable refuge où veut se cacher ton lâche cœur... là-haut, au-dessus des
étoiles, tout est vide, solitaire et sourd... Si
pourtant... Non! cela n'est pas. Je veux que
cela ne soit pas... Mais s'il était vrai? Ah!
malheureux! si tout est compté! si tu devais
régler ton compte dès cette nuit!... Pourquoi
ce frémissement qui ébranle tous mes os?
Mourir! Pourquoi ce mot, qui n'est rien, a-t-il
glacé mon sang?... Rendre compte au Ven-
geur là-haut... Et s'il est juste... s'il est juste?...

SCÈNE II

FRANÇOIS, UN VALET.

UN VALET, *accourant tout effrayé.*

Amélie s'est enfuie et le comte a disparu.

SCÈNE III

LES PRÉCÉDENTS, DANIEL, *encore plus ef-
frayé,* puis SCHWEIZER, GRIMM.

DANIEL.

Monseigneur, une troupe de cavaliers de
feu vient au galop le long de l'avenue. Ils
crient : « Au meurtre! au meurtre! » Tout le
village est en alarme.

FRANÇOIS.

Va! Fais sonner toutes les cloches. Que tout le monde coure à l'église se prosterner... et prie pour moi... Qu'on mette les prisonniers en liberté... Je veux rendre aux pauvres le double, le triple... Je veux... Va donc!.. Appelle donc le confesseur, que sa bénédiction chasse au loin mes péchés... Tu n'es pas encore parti? *Le tumulte augmente.)*

DANIEL.

Que Dieu me pardonne!... Je ne sais, voulez-vous sérieusement ce que vous demandez? Vous qui avez si obstinément refusé de plier, et qui tant de fois...

FRANÇOIS.

Tais-toi... Mourir, vois-tu? mourir! Il sera trop tard. *(On entend les cris de Schweizer.)* Prie donc, prie donc !

DANIEL.

Je vous l'ai toujours dit!... Vous méprisez tant la prière... Mais prenez garde, prenez garde. Quand vous serez dans la peine, quand l'eau vous ira jusqu'à l'âme...

SCHWEIZER, *dans la rue devant le château.*

A l'assaut! Tuez-les! forcez les portes! Je vois de la lumière, c'est là qu'il doit être.

FRANÇOIS.

Ecoute ma prière. Dieu du ciel... C'est pour la première fois... Exauce-moi, Dieu du ciel.

SCHWEIZER, *toujours dans la rue.*

Fais-les reculer à coups d'épée, camarade...
C'est le diable qui vient chercher votre seigneur... Où est Schwaz avec sa troupe? Poste-
toi près du château, Grimm!... Franchis les
murs!

GRIMM.

Allez chercher des torches... Nous monte-
rons ou il descendra... Je vais mettre le feu à
son château.

FRANÇOIS, *priant.*

Mon Dieu! je n'ai pas été un assassin ordinaire... Je ne me suis jamais arrêté à des misères, mon Dieu...

DANIEL.

Que Dieu ait pitié de nous! Jusqu'à ses prières,
qui sont des péchés! *On brise les vitres à coups
de pierres: des torches tombent de tous côtés dans
la chambre. Le château brûle.*

FRANÇOIS.

Je ne puis pas fuir. *(Se frappant le front et la
poitrine.)* Ici et là tout est vide et desséché...
(Il se lève.) Non, je ne veux pas fuir.

DANIEL.

Jésus, Maria! aidez-nous... sauvez-nous! Tout
le château est en feu.

FRANÇOIS.

Prends cette épée et pousse-la moi par der-

rière jusque dans le ventre... Je ne veux pas
servir de jouet à ces scélérats. (*Le feu éclate.*)

DANIEL.

Que Dieu m'en garde ! Je ne voudrais envoyer personne trop tôt dans le ciel, bien moins
encore dans... (*Il se sauve.*)

SCÈNE IV

FANÇOIS, *seul, suivant Daniel des yeux.*

Dans l'enfer, veux-tu dire?... Oui, je me
doute bien de quelque chose de semblable...
Sont-ce là leurs chants de joie? Est-ce vous
que j'entends siffler, serpents de l'abîme?... Ils
montent... ils assiégent ma porte... Pourquoi
la pointe de mon épée me fait-elle frémir?...
La porte craque... elle tombe... impossible d'é-
chapper! (*Il va pour se jeter dans les flammes ;
les brigands le poursuivent.*)

SCÈNE V

Le lieu de la scène est le même que dans la scène XIII
du quatrième acte.

LE VIEUX COMTE, *assis sur une pierre ;* MOOR,
debout devant lui ; LES BRIGANDS, *épars dans
la forêt.*

MOOR.

Il vous fut cher, votre autre fils.

LE VIEUX COMTE.

Tu le sais, ô ciel ! Pourquoi me suis-je laissé

tromper par les ruses d'un mauvais fils? J'é-
tais un père heureux entre tous les pères!
Autour de moi mes enfants, mes radieuses
espérances, s'élevaient comme des fleurs prin-
tanières... Mais, ô heure infortunée! un mauvais génie est entré dans le cœur de mon second fils; je me fiai au serpent... et j'ai perdu
mes deux enfants!... (*Il cache son visage dans
ses mains tremblantes; Moor s'éloigne de lui.*) Oh!
je sens profondément ce que m'a dit Amélie;
c'est la vengeance elle-même qui a parlé par
sa bouche : « Tu étendras en vain ta main
mourante vers un fils; en vain tu croiras saisir la main brûlante de ton Charles, jamais il
ne sera près de ton lit. (*Moor, sans le regarder,
lui tend la main.*) Mais il est loin d'ici dans la
maison étroite, il dort déjà du sommeil de fer;
il n'entendra jamais la voix de ma douleur...
Malheureux père Mourir dans les bras d'un
étranger!... Plus de fils! plus de fils pour me
fermer les yeux!

MOOR, *dans la plus violente émotion.*

Il faut que ce soit à l'instant, il le faut...
(*Aux brigands.*) Laissez-nous seuls... Et pourtant... Puis-je lui rendre son fils! je ne puis
lui rendre son fils! Non, je ne le ferai pas.

LE VIEUX COMTE.

Quoi, mon ami, que disais-tu là tout bas?

MOOR.

Ton fils... oui, vieillard. (*Balbutiant.*) Ton
fils, est... éternellement perdu!

LE VIEUX COMTE.

Eternellement?

MOOR, *regardant le ciel, le cœur horriblement serré.*

Oh! pour cette fois, seulement, ne permets point que mon âme succombe... Pour cette fois seulement, soutiens ma force épuisée!

LE VIEUX COMTE.

Eternellement, dis-tu?

MOOR.

Ne me demande plus rien... Oui, te dis-je, éternellement!

LE VIEUX COMTE.

Etranger, étranger, pourquoi m'as-tu tiré de la tour!

MOOR, *à part.*

Eh quoi! si je lui dérobais sa bénédiction, comme un voleur, et si je m'échappais avec ce butin céleste!... *Il se jette à ses pieds.*) J'ai brisé la porte de fer. Bénis-moi, vieillard.

LE VIEUX COMTE, *le serrant sur son cœur.*

Pense que c'est le baiser d'un père, et moi, je penserai que je tiens mon Charles entre mes bras... Tu peux pleurer, toi aussi!

MOOR.

J'ai pensé que c'était le baiser d'un père. *Il se jette à son cou. Silence. On entend un bruit sourd et l'on aperçoit la lueur qui précède les flambeaux qu'on ne voit pas encore. Moor se lève précipitamment.)* Écoute! la vengeance va s'accomplir! ils viennent! *Il jette un triste regard sur le vieillard et lève au ciel ses yeux pleins d'une fureur sombre.)* Agneau souffrant, embrase-moi de la fureur du tigre sanguinaire; je veux te porter une telle victime, que les astres se couvriront de ténèbres et que la nature se raidira d'un frémissement de mort. *(Les flambeaux apparaissent; le bruit augmente; on entend plusieurs coups de pistolet.)*

LE VIEUX COMTE

Malheureux que je suis! qui vient là? quel horrible tumulte!... Sont-ce les complices de mon fils? veulent-ils me traîner de la tour à l'échafaud?

MOOR, *de l'autre côté, les mains levées au ciel, avec fureur.*

Juge du ciel, écoute la prière d'un assassin. Rends-le immortel... fais à chaque coup de poignard que son cœur se ranime, se rafraîchisse.

LE VIEUX COMTE.

Hélas! que murmures-tu donc, étranger?... C'est horrible! horrible!

MOOR.

Je prie Dieu. *(Musique sauvage des brigands qui arrivent en foule.)*

LE VIEUX COMTE.

Oh! n'oublie pas mon François dans la prière.

MOOR, d'une voix étranglée par la rage.

Je ne l'oublie pas.

LE VIEUX COMTE.

Est-ce là la voix d'un homme qui prie?...
Cesse de prier... cesse... Tes prières me font
frémir.

SCÈNE VI

LES PRÉCÉDENTS, SCHWEIZER, *paraissant
le premier; ensuite* UN DÉTACHEMENT DE
BRIGANDS; *au milieu d'eux,* FRANÇOIS DE
MOOR, *enchaîné;* HERMANN.

SCHWEIZER.

Triomphe, capitaine! Le voici... Mon honneur est dégagé.

GRIMM.

Nous l'avons arraché à l'incendie qui dévo-
rait son château... Ses vassaux ont pris la
fuite.

KOSINSKY.

Son château est tombé en cendres derrière
lui, et jusqu'à la mémoire de son nom, tout
est anéanti. *(Pause pleine d'horreur.)*

CHARLES DE MOOR, *s'avançant lentement.*

(A François de Moor d'une voix calme et sévère.)
Me connais-tu? *(François reste immobile, les
yeux fixés à la terre; Charles le conduit vers son*

père et lui dit avec le même son de voix :) Connais-tu celui-ci ?

FRANÇOIS, *reculant d'horreur.*

Tonnerre ! tombez sur moi ! Mon père !

LE VIEUX COMTE, *se détournant, profondément ému.*

Va... que Dieu te pardonne !... J'oublie...

MOOR, *éclatant.*

Et que ma malédiction, pesât-elle dix mil-
lions, s'accroche à cette prière et l'empêche de
s'élever vers le Dieu de miséricorde !... Connais-tu aussi cette tour ?

FRANÇOIS, *à Hermann.*

Quoi ! monstre ! ta haine envers ma famille
a poursuivi mon père jusque dans cette tour ?

HERMANN.

A merveille ! Aucun démon n'est donc assez
lâche pour abandonner son vassal dans le dernier mensonge ? Horrible !

MOOR.

Assez !... Emmenez ce vieillard dans la forêt... Je n'ai que faire ici des larmes d'un
père. (*On emmène le vieux comte sans connaissance.*)
Approchez, bandits. (*Ils forment une demi-lune
autour des deux frères, les yeux hagards, ils restent appuyés sur leurs fusils.*) A présent, point
de bruit !... Aussi vrai que j'espère le pardon
de mes crimes !... Au premier qui seulement

remuera la langue avant mon ordre, je lui fais sauter la cervelle... Silence !

FRANÇOIS, *à Hermann, dans le transport de la rage.*

Ah ! monstre ! que ne puis-je cracher dans cette écume tout mon poison sur ta hideuse face !... Oh ! c'est infâme ! *(Il mord ses chaînes en pleurant.)*

MOOR, *dans une attitude majestueuse.*

Me voici comme l'envoyé du Tout-Puissant qui viendra juger tous les mortels... Je vais faire prononcer une sentence où pas un homme pur n'aura donné sa voix... des criminels sont assemblés pour juger... et moi, le plus scélérat d'entre eux, je suis à leur tête... Que celui qui ne se sent pas pur comme un saint à côté de celui-ci s'éloigne du tribunal et brise son poignard... *(Tous les brigands jettent leur poignard sans le briser.)* Sois fier ! tu as aujourd'hui transformé des malfaiteurs en anges ! Il vous manque un poignard. *(Il tire le sien. Longue pause. Sa mère fut aussi ma mère... A Kosinsky et à Schweizer.)* Jugez... *(Il brise son poignard, et, profondément ému, s'éloigne du cercle de ses compagnons.)*

SCHWEIZER, *après une pause.*

Ne suis-je pas là comme un écolier qui tourmente son cerveau vide pour y trouver quelque chose de neuf ?... La vie, si riche en joies ! la mort, si pauvre en tortures ! *(Frap-*

pant la terre.) Parle, toi, je ne puis rien trouver.

ROSINSKY.

Pense à ses cheveux blancs, jette un regard sur la tour, et que ta tête s'inspire. Je suis un apprenti ; rougis, maître.

SCHWEIZER.

Moi qui ai blanchi dans les scènes de la douleur, je n'en pourrais inventer pour le punir... N'a-t-il pas commis ces horreurs dans cette affreuse tour? Ne jugeons-nous pas auprès de cette horrible tour?... Allons! en bas! Qu'il y pourrisse!

LES BRIGANDS, *applaudissant tumultueusement.*

En bas! en bas! *(Ils veulent se jeter sur François.)*

FRANÇOIS, *s'élançant dans les bras de son frère.*

Sauve-moi des griffes des assassins ! sauvez moi, mon frère !

MOOR, *glacial.*

Tu m'as fait leur chef. *François recule effrayé.* Me prieras-tu encore ?

LES BRIGANDS, *redoublant leurs cris.*

En bas ! en bas !

MOOR, *s'approchant de son frère ; d'un air plein de noblesse et de douleur.*

Fils de mon père, tu m'as volé mon ciel !

Que ce crime ne pèse jamais sur toi !... Va
dans l'enfer, fils de corbeau. Je te pardonne,
mon frère. *(Il l'embrasse et s'enfuit. Les brigands
précipitent François dans le souterrain de la tour
en jetant des éclats de rire.)*

MOOR, *revenant plongé dans ses réflexions.*

Tout est consommé !... Toi, mon Dieu, qui
diriges tout, je te remercie ! Tout est consommé !... *Il reste absorbé dans ses pense...* ... cette
tour était le but vers lequel tu me conduisais
par des chemins de sang ? Si c'est pour cela
que je suis devenu le chef de ces brigands !...
Providence éternelle, ici, je frémis... et j'a-
dore !... Eh bien ! j'y veux croire, mon œuvre
touche à son but... Le vainqueur tombe avec
éclat dans le plus beau de ses combats. Je
veux m'éteindre ce soir, avec ces nuages de
pourpre et d'azur Faites approcher le père.
*(Quelques brigands s'écartent et vont chercher le
vieillard.)*

LE VIEUX COMTE.

Où me conduisez-vous ? où est mon fils ?

MOOR, *s'avançant avec dignité.*

Astres et grains de sable ont chacun leur
place dans la création... Ton fils a aussi la
sienne. Sois tranquille et assieds-toi.

LE VIEUX COMTE, *fondant en larmes.*

Plus d'enfants ? plus d'enfants du tout ?

MOOR.

Sois calme et assieds-toi.

LE VIEUX COMTE.

Oh! qu'ils ont un cœur tendre, ces barbares! Ils retirent un vieillard mourant des ombres d'un souterrain, pour lui dire : « Tes enfants sont tués! » Oh! de grâce! A votre pitié mettez le comble et reprécipitez-moi dans la tour.

MOOR, *saisissant sa main avec violence, et la levant avec transport vers le ciel.*

Ne blasphème pas, vieillard! Ne blasphème pas ce Dieu devant lequel je prie aujourd'hui avec plus de joie. De plus méchants que toi l'ont vu aujourd'hui face à face.

LE VIEUX COMTE.

Et ils ont appris à assassiner.

MOOR, *d'une voix irritée.*

Sexagénaire, ne parle plus ainsi. *Avec une triste douceur.* Si sa divinité même échauffe les pécheurs, les saints doivent-ils donc les repousser? Et où trouverais-tu des paroles pour lui demander pardon, si aujourd'hui il t'avait baptisé un fils?

LE VIEUX COMTE, *amèrement.*

Baptise-t-on aujourd'hui avec du sang?

MOOR.

Que dis-tu?... Est-ce que le désespoir révèle

aussi la vérité? Oui, vieillard, la Providence
peut aussi baptiser avec du sang... C'est avec
du sang qu'elle a aujourd'hui baptisé pour toi...
Ses voies sont merveilleuses et terribles; mais
des larmes de joie couleront au bout de la carrière.

LE VIEUX COMTE.

Où les pleurerai-je?

MOOR, se jetant dans ses bras.

Sur le cœur de ton Charles!

LE VIEUX COMTE, dans les transports de sa joie paternelle.

Mon Charles vit !...

MOOR.

Ton Charles vit... Envoyé dans ces déserts
pour être ton sauveur, ton vengeur!... Ainsi
t'a récompensé ton fils chéri (montrant la tour.)
Voilà comme se venge l'enfant prodigue (il le
serre encore plus tendrement sur son sein.)

LES BRIGANDS.

Il y a du monde dans la forêt... des voix !...

MOOR.

Appelez les autres. Les brigands s'écartent
pour rassembler leurs compagnons. — A part. Il
en est temps... éloigne de ta bouche la coupe
de la volupté avant qu'elle ne se change en
poison.

LE VIEUX COMTE.

Ces hommes sont-ils tes amis? Je crains
presque leurs regards.

MOOR.

Demande tout, mon père... ne me demande pas cela.

SCÈNE VII

LES PRÉCÉDENTS, AMÉLIE, *les cheveux épars ; toute la bande la suit et se groupe.*

AMÉLIE.

Les morts, disent-ils, sont ressuscités à sa voix... Mon oncle est vivant... est sorti de ces noirs souterrains... Mon Charles ! mon oncle ! où sont-ils ?

MOOR, *reculant en frémissant.*

Ce tableau sous mes yeux?

LE VIEUX COMTE *se lève en tremblant.*

Amélie, ma nièce! Amélie!

AMÉLIE, *se jetant dans les bras du vieillard.*

Tu m'as rendu mon père... et mon Charles!... et tout.

LE VIEUX COMTE.

Mon Charles vit... tout... moi... tout... Mo Charles vit.

MOOR, *avec fureur à sa bande.*

Partons, camarades, un démon m'a trahi *Amélie s'arrache aux étreintes du vieux comte et se précipite dans les bras de Charles qu'elle embrasse avec extase.* Je l'ai! O vous, étoiles... je l'ai!

MOOR.

Arrachez-la de mes bras !... Tuez-la... tuez-
le... moi, vous tous!... Que le monde entier
s'anéantisse!

AMÉLIE.

Mon fiancé! mon Charles! tu es en délire!
ah! de ravissement!... Pourquoi suis-je si
insensible? Au milieu de ces torrents de joie,
je me sens glacée...

LE VIEUX COMTE.

Venez, mes enfants! Ta main, Charles... la
tienne, Amélie... Oh! je n'espérais pas, avant
de mourir, goûter cette joie paternelle!... Je
veux les unir à jamais.

AMÉLIE.

A jamais à lui! Pour jamais! Éternellement
à moi! O puissances du ciel, ne me laissez
pas succomber sous le poids de cette volupté
mortelle!

MOOR.

Fuis! fuis! la plus malheureuse des fian-
cées! Regarde, interroge, prête l'oreille!... O le
plus malheureux des pères! laissez-moi m'éloi-
gner pour toujours.

AMÉLIE.

Où? comment? amour! éternité! joie infinie!
Et tu fuis?

LE VIEUX COMTE.

Mon fils qui fuit! mon fils qui s'enfuit!

MOOR.

Il est trop tard !... c'est en vain! Ta malédiction... père!... ne cherche pas à savoir... Je fuis... j'emporte ta malédiction... la malédiction qu'on t'a surprise. *(Avec plus de fermeté.)* Meurs donc, Amélie! et toi, mon père, meurs! Meurs par moi pour la seconde fois... Ceux-là, que voici, qui t'ont sauvé, sont des brigands, des assassins! Ton fils est... leur capitaine.

LE VIEUX COMTE.

Dieu! mes enfants! *(Il meurt.)*

(Comme un marbre inanimé, Amélie reste immobile. Toute la bande garde un silence terrible.)

MOOR, *dans son désespoir, se frappe la tête contre un chêne.*

Les ombres de ceux que j'ai étranglés dans les jouissances de l'amour... de ceux que j'ai écrasés dans le sommeil heureux... de ceux... Entendez-vous sauter le magasin à poudre qui étouffe sur le lit de douleur la mère et son fils qui vient au monde? Voyez-vous ces langues de feu lécher le berceau de son premier né?... C'est là le flambeau nuptial. Ce sont les chants de noces... Oh! il n'oublie pas... Il sait bien demander à chacun sa dette... Ainsi donc, loin de mon cœur toutes les jouissances de l'amour! C'est pour me punir que l'amour... C'est compensation !...

AMÉLIE, *comme se réveillant d'un éternel sommeil.*

C'est vrai, maître du ciel, c'est vrai! Qu'ai-

je donc fait, moi, agneau sans tache ? J'ai
aimé celui-ci. Tu m'as fait aimer un assassin!

MOOR.

C'est plus qu'un homme n'en peut supporter. J'ai entendu la mort et ses mille bouches
de feu siffler sur ma tête, et je n'ai pas re-
culé devant elle de la moitié d'un pas... Dois-je
apprendre aujourd'hui à frémir comme une
femme? à frémir à l'aspect d'une femme?...
Non, une femme n'ébranle pas mon courage
d'homme. Du sang! du sang!... Ça se passera.
C'est du sang que je veux, et je défie alors la
destinée d'empêcher mes grands desseins de
s'accomplir. *Il veut fuir.*)

AMÉLIE, *se précipitant dans ses bras.*

Assassin! démon! Je ne saurais renoncer à
toi, ange !

MOOR, *étonné.*

Est-ce un songe? suis-je en délire? L'enfer
a-t-il inventé une ruse nouvelle pour me livrer
à sa risée infernale?... Elle est dans les bras
de l'assassin !

AMÉLIE.

Inséparables! et pour l'éternité!

MOOR.

Et elle m'aime encore!... Je suis pur comme
la lumière! Elle m'aime avec tous mes crimes.
(*Son cœur nage dans la joie.*) Les enfants de la
lumière pleurent dans les bras des démons
pardonnés.. Mes furies étouffent leurs ser-

pents. L'enfer est vaincu... Je suis heureux !
(Il cache son visage sur le sein d'Amélie; ils restent dans une extase muette. — Pause.)

GRIMM, s'avançant furieux.

Arrête, traître!... quitte à l'instant les bras
de cette femme... ou je te dirai un mot qui te
fera frissonner.

SCHWEIZER, mettant son épée entre Moor et Grimm.

Pense aux forêts de la Bohême. Entends-tu?
Trembles-tu? Je te dis de penser aux forêts de
la Bohême. Parjure! où sont tes serments?
Oublie-t-on si vite les blessures... la fortune,...
l'honneur et la vie, que nous avons méprisés
pour toi... Lorsque nous soutenions la foudre,
inébranlables comme des murs d'airain, n'as-
tu pas alors levé ta main, et, par un serment de fer, n'as-tu pas juré de n'abandonner jamais tes camarades, qui ne t'ont jamais
abandonné? Homme sans honneur et sans
foi! Et tu nous quittes séduit, quand une
femme pleure?

LES BRIGANDS, avec un bruit confus découvrent leurs
poitrines.

Regarde ici, regarde! Connais-tu ces cica-
trices? Avec le sang de notre cœur nous t'a-
vons acheté pour esclave... tu es à nous, et
quand l'archange Michel et Moloch devraient
combattre ensemble à qui t'aurait !... marche
avec nous : Sacrifice pour sacrifice, une femme pour la bande!

MOOR, se dégageant des bras d'Amélie.

C'est fini! Je voulais retourner vers mon

père; mais celui qui est dans le ciel a dit :
Non!...Ne roule pas ainsi de sombres regards,
Amélie... Il n'a pas besoin de moi... N'a-t-il
pas des milliers de créatures? Il peut si aisément se passer d'un seul être... Cet un, c'est
moi. Venez, camarades. *(Il se tourne vers la
bande).*

AMÉLIE, *s'attachant à lui.*

Attends donc, arrête! un seul coup! un
coup mortel! Encore abandonnée!... *(Touchant
la garde de son épée d'une main tremblante.)* Tire
donc ton épée, aie pitié de moi.

MOOR.

La pitié est dans le cœur des tigres. Je ne
tue point.

AMÉLIE, *embrassant ses genoux.*

Oh! pour l'amour de Dieu, par toute ta pitié! Je renonce volontiers à l'amour... Je sens
bien que là-haut nos astres sont ennemis... La
mort! c'est ma seule prière. Vois ma main
trembler. Je n'ai pas le courage de percer mon
cœur. J'ai peur des éclats de l'épée. C'est pour
toi si peu de chose!... Tu es un maître dans
les assassinats... Frappe donc, que je sois heureuse.

MOOR.

Veux-tu être seule heureuse? Va-t'en! je ne
tue pas les femmes.

AMÉLIE.

Ah! assassin! tu ne peux tuer que les heureux, tu laisses là ceux qui sont las de vivre.

S'adressant à la bande.) Ayez donc pitié de moi, vous, ses ministres assassins. Dans vos regards, il y a une pitié altérée de sang, qui est la consolation des malheureux... Faites feu... Votre maître n'est qu'un lâche glorieux, qui affecte l'orgueil du courage. (*Quelques brigands la couchent en joue.*)

MOOR, *comme un tigre irrité.*

Retirez-vous, harpies. (*Il se jette entre les fusils et Amélie, avec la plus terrible majesté.*) Qu'un d'entre vous ose violer mon sanctuaire : elle est à moi. (*Il passe son bras autour de son corps.*) Que le ciel et l'enfer tirent maintenant chacun de son côté; l'amour est au-dessus des serments! (*Il la soulève en l'air, et la montre sans crainte à toute la bande.*) Ce que la nature a joint, qui osera le séparer?

LES BRIGANDS *les couchent tous deux en joue.*

Nous.

MOOR, *avec un rire amer.*

Impuissants! (*Il pose Amélie, presque sans connaissance, sur une pierre.*) Lève tes regards vers moi, ma fiancée. La bénédiction d'un prêtre ne nous unira pas, mais je sais quelque chose de mieux. (*Il découvre le sein d'Amélie.*) Contemplez cette beauté, hommes. (*Avec une tristesse mêlée de sensibilité.*) N'attendrit-elle pas des bandits? (*Après quelques instants de silence.*) Regardez-moi, bandits... je suis jeune, et de l'amour j'ai toutes les fureurs... je suis aimé... ici... adoré. Je suis venu jusqu'à la porte du bonheur. (*D'une voix suppliante.*) Mes frères m'en repousseraient-ils? (*Les brigands se mettent à rire; Moor continue avec fermeté.*) C'en est assez; jusqu'ici la nature a parlé! à présent, ce sera l'homme! Et moi aussi, je suis un assassin, un incendiaire! et... (*S'avançant vers la bande avec une majesté inexprimable.*) votre capitaine. L'épée à la main, vous voulez traiter avec votre capitaine, bandits! (*D'une voix imposante.*) Bas les armes! c'est votre maître qui vous parle. (*Les brigands effrayés mettent bas les armes.*) Voyez! vous n'êtes plus rien à présent que des enfants, et moi,... je suis libre. Il faut que Moor soit libre s'il veut être grand. Je ne donnerais pas ce triomphe pour toutes les jouissances de l'amour. (*Son épée à la main.*) N'appelez pas délire, bandits, ce que vous n'avez pas le courage de nommer grandeur. L'esprit du désespoir vole plus vite que la tranquille sagesse à la marche traînante... On réfléchit sur des actions comme celles-ci quand on les a faites... J'en parlerai après. (*Il plonge son épée dans le sein d'Amélie.*)

LES BRIGANDS, *en tumulte et battant des mains.*

Bravo! bravo! Cela s'appelle dégager son honneur en prince de bandits. Bravo!

MOOR, *regardant Amélie en face,*

Et maintenant, elle est à moi!... à moi!... ou l'Éternité ne fut que la chimère d'un imbécile. Bénie par mon épée, j'ai amené ma fiancée devant tous les chiens magiques de mon implacable ennemie, la destinée. (*S'éloignant d'Amélie avec fierté.*) La terre pourra faire encore plus de mille danses autour du soleil avant de produire une action semblable... (*Tendrement à son Amélie.*) La mort des mains de ton bien-aimé doit avoir été douce?... n'est-ce pas, Amélie?

AMÉLIE, *baignée dans son sang.*

Douce! (*Elle lui tend la main; elle expire.*)

MOOR, *à la bande avec majesté.*

Et vous, pitoyables camarades! votre demande de scélérats s'attendait-elle à rien d'aussi sublime? Vous m'avez sacrifié une vie déjà déchue, souillée d'opprobres et de crimes... Je vous ai sacrifié un ange. (*Il leur jette avec mépris son épée.*) Bandits, nous sommes quittes... Sur ce corps ensanglanté, voyez mon engagement déchiré. Je vous fais grâce du vôtre.

LES BRIGANDS, *s'approchant en foule.*

Tes esclaves jusqu'à la mort.

MOOR.

Non, non, non! Certainement tout est consommé. Mon génie me dit tout bas : Ne va pas plus loin, Moor : c'est ici la borne de la force humaine... et la tienne... Reprenez-le, ce panache sanglant... (*Il jette son panache à ses pieds.*) Que celui qui veut être capitaine après moi le relève!

LES BRIGANDS.

Ah! lâche! Que deviennent tes grands desseins? C'étaient donc des bulles de savon, que les râlements de mort d'une femme font éclater.

MOOR.

Quand Moor agit, n'en cherchez pas les raisons... C'est là mon dernier ordre. Venez en cercle autour de moi, écoutez les dernières volontés de votre capitaine mourant *(Il les regarde tous longtemps.)* Vous m'étiez fidèlement attachés... Fidélité sans exemple!.. Si la vertu vous eût unis aussi fermement que le crime, vous eussiez été des héros, et l'humanité prononcerait vos noms avec délices. Partez, sacrifiez à l'Etat votre inconcevable courage. Servez un roi qui combatte pour les droits de l'humanité. C'est avec cette bénédiction que je vous renvoie.... Schweizer et Kosinsky, restez.

SCÈNE VIII

MOOR, SCHWEIZER et KOSINSKY.

MOOR.

Donne-moi ta main droite, Kosinsky; Schweizer, ta main gauche. *Il prend leurs mains, et se met au milieu d'eux, à Kosinsky.* Tu es encore pur, jeune homme... Parmi les impurs, le seul sans tache. *(A Schweizer.)* J'ai trempé bien avant cette main dans le sang... C'est moi qui l'ai fait. Par ce brûlant serrement de main, je reprends ce qui est à moi. Schweizer, tu es pur, *(Elevant leurs mains vers le ciel avec ferveur.)* Nôtre père à tous! c'est ici que je te les rends. Ils te seront plus ardemment attachés que ceux qui n'ont jamais tombé, j'en suis certain. *(Schweizer et Kosinsky s'embrassent.)* Pas à pré-

sent, de grâce, pas à présent, mes bons amis.
Épargnez mon courage à cette heure décisive.
Une comté m'est échu.... un trésor sur lequel
aucune malédiction n'a donné un coup de son
aile de harpie... Partagez-le entre vous, mes
enfants, devenez bons citoyens, et si, pour dix
de ceux que j'ai assassinés, vous faites seulement un heureux, vous sauverez mon âme...
Allez.. Point d'adieu... Nous nous reverrons
là-bas... ou jamais... Allez! allez vite, avant
que je ne m'attendrisse. (*Schweizer et Kosinsky
se cachent le visage, et s'éloignent.*)

SCÈNE IX ET DERNIÈRE

MOOR, *seul.*

Et moi aussi, je suis bon citoyen... Est-ce
que je ne satisfais pas à la loi la plus terrible?.,
Est-ce que je ne l'honore pas? est-ce que je
ne la venge pas?... Près d'ici, sur ma route, je
me rappelle avoir rencontré un pauvre officier
qui travaillait à la journée, et qui a onze enfants... On a promis cent ducats à celui qui
livrerait en vie le grand brigand... Je puis tirer ce pauvre officier d'embarras. (*Il s'éloigne.*)

Paris. — Imprimerie de DUBUISSON et C°, rue Coq-Héron, 5

CATALOGUE

DES 106 VOLUMES PUBLIÉS

DANS LA

BIBLIOTHÈQUE NATIONALE

DE JUIN 1863 A JUIN 1867

————

Bureaux de la publication : 1, rue Baillif

————

HISTOIRE (23 volumes)

MORALE ET PHILOSOPHIE (20 volumes)

SCIENCES (3 volumes)

PÉDAGOGIE (4 volumes)

ROMANS (26 volumes)

POÉSIE (8 volumes)

POLYGRAPHIE (6 volumes)

ESTHÉTIQUE

Paris. — Imp. de Dubuisson et Cᵉ, rue Coq-Héron 5

SOUS PRESSE

CHEZ LES MÊMES ÉDITEURS

L'ÉCOLE MUTUELLE

COURS D'ÉDUCATION POPULAIRE COMPLET EN 26 VOLUMES À 25 CENTIMES

Grammaire. — Arithmétique et Tenue de livres. — Géographie générale. — Cosmographie. — Histoire naturelle. — Agriculture. — Physique (2 vol.). — Droit usuel. — Mythologie et Histoire des Religions. — Musique. — Botanique. — Chimie. — Hygiène et Médecine. — Dessin linéaire et géométrie. — Histoire ancienne et moderne. — Histoire du moyen âge. — Histoire de France (3 vol.). — Philosophie et morale. — Géographie de la France. — Inventions et Découvertes. — Dictionnaire de la Langue française usuelle (2 vol.).

PARIS. — IMPRIMERIE DE DUBUISSON ET Cⁱᵉ, RUE COQ-HÉRON, 5.

www.ingramcontent.com/pod-product-compliance
Lightning Source LLC
Chambersburg PA
CBHW070407090426
42733CB00009B/1570